高等职业教育新形态精品教材

新一代信息技术

主　编　赵　洁　吴秀英　王　荣
副主编　王　凯　刘　刚　涂平生
　　　　黄飞翔　黄　刚　周梦洁
　　　　陈　华
参　编　赖　薇　萧　巍　王玉健
　　　　郭　翔　刘万灯　蔡　燕

北京理工大学出版社
BEIJING INSTITUTE OF TECHNOLOGY PRESS

内 容 提 要

本书是一本以新一代信息技术为主的教材,主要内容包括信息素养与社会责任、信息检索、物联网技术、大数据、云计算、虚拟现实、计算机网络及应用、Word 2016文档处理与制作、Excel 2016电子表格制作与数据处理、PowerPoint 2016演示文稿制作等。

本书可作为高等院校、职业技术学院各专业的信息素养教材,也可作为广大计算机爱好者参加全国计算机等级考试(一级)的参考用书。

图书在版编目(CIP)数据

新一代信息技术 / 赵洁,吴秀英,王荣主编.--北京:北京理工大学出版社,2023.7
ISBN 978-7-5763-2638-3

Ⅰ.①新… Ⅱ.①赵… ②吴… ③王… Ⅲ.①信息技术－高等学校－教材 Ⅳ.①G202

中国国家版本馆CIP数据核字(2023)第136762号

责任编辑:钟　博		文案编辑:钟　博	
责任校对:周瑞红		责任印制:王美丽	

出版发行 / 北京理工大学出版社有限责任公司

社　　址 / 北京市丰台区四合庄路 6 号

邮　　编 / 100070

电　　话 / (010)68914026(教材售后服务热线)

　　　　　 (010)68944437(课件资源服务热线)

网　　址 / http://www.bitpress.com.cn

版 印 次 / 2023 年 7 月第 1 版第 1 次印刷

印　　刷 / 河北鑫彩博图印刷有限公司

开　　本 / 787mm×1092mm　1/16

印　　张 / 14

字　　数 / 305 千字

定　　价 / 45.00 元

FOREWORD 前言

党的二十大报告指出:"推动战略性新兴产业融合集群发展,构建新一代信息技术、人工智能、生物技术、新能源、新材料、高端装备、绿色环保等一批新的增长引擎。""加快发展数字经济,促进数字经济和实体经济深度融合,打造具有国际竞争力的数字产业集群。"信息技术对社会经济各领域的发展和人们的日常生活有至关重要的影响,对于当代大学生来说,将信息技术引入日常学习中已经成为一种不可或缺的学习技能。

新一代信息技术是指在计算机技术、通信技术、传感器技术、人工智能技术等方面创新性地融合和应用的新技术,其主要特征是高效、高速、高质、低能耗、多样化。新一代信息技术是以信息技术为核心,集成多学科相关技术发展而来,其应用领域包括电子商务、物联网、智能家居、智慧城市、智能医疗等。《国务院关于加快培育和发展战略性新兴产业的决定》中列出了国家战略性新兴产业体系,其中就包括"新一代信息技术产业",提到"加快建设宽带、泛在、融合、安全的信息网络基础设施,推动新一代移动通信、下一代互联网核心设备和智能终端的研发及产业化,加快推进三网融合,促进物联网、云计算的研发和示范应用。着力发展集成电路、新型显示、高端软件、高端服务器等核心基础产业。提升软件服务、网络增值服务等信息服务能力,加快重要基础设施智能化改造"。

本书以落实国家战略、加速培养熟悉新一代信息技术的高素质人才、为实现经济高质量发展提供人才支撑为基本出发点,主要面向高职高专院校的学生,帮助他们了解物联网技术、大数据、云计算、虚拟现实、计算机网络及应用等技术的基本原理和常识,熟悉新一代信息技术在各行各业中的应用,为其在后续的专业课程中更好地学习奠定基础。

本书由赵洁、吴秀英、王荣担任主编,由王凯、刘刚、涂平生、黄飞翔、黄刚、周梦洁、陈华担任副主编,赖薇、萧巍、王玉健、郭翔、刘万灯、蔡燕参加了本书的编写工作。

本书在编写过程中参阅了大量文献资料,在此向这些文献资料的作者致以衷心的感谢!由于编写时间仓促,编者的经验和水平有限,书中难免有待商榷之处,恳请各位读者批评指正。

编　者

CONTENTS 目录

第1章
信息素养与社会责任

学习目标

知识目标：

了解信息素养的概念、表现，信息伦理的定义与内容，职业行为自律；熟悉信息技术的分类与发展、信息主体的伦理规范。

能力目标：

具备基本的信息素养，在工作和生活中能用信息伦理和职业道德约束自己的行为。

素养目标：

培养良好的职业道德和行为习惯。

案例导入

多地现"变脸"诈骗案：一段段逼真的视频竟是伪造的……

合成动态视频一个 2 ~ 10 元 竟能注册手机卡、支付账户

2021 年 4 月，安徽省合肥市警方在公安部"净网 2021"专项行动中打掉一个犯罪团伙，该团伙利用人工智能技术伪造他人人脸动态视频，为黑灰产业链提供注册手机卡等技术支撑。

在警方抓捕现场，几名犯罪嫌疑人正用电脑将一张张静态照片制作为人脸动态视频。模拟制作出来的动态人物不仅能做点头、摇头等动作，还可完成眨眼、张嘴、皱眉等丰富表情，效果极为逼真。

在嫌疑人的电脑里，警方发现了十几个 GB 的公民人脸数据，人脸照片和身份证照片分门别类存放在一个个文件夹里。"身份证正反面照片、手持身份证照片、自拍照等，被称为一套。"民警介绍，成套照片被称为"料"，出售照片的人被称为"料商"，这些"料"在网上已转手多次，而"料"的主人却毫不知情。

犯罪嫌疑人马某交代，由于制作简单，一个视频价格仅为 2 ~ 10 元，"客户"往往是成百上千地购买，牟利空间巨大。

近年来，类似案件在浙江、江苏、河南等多地发生。浙江衢州中级人民法院的一份刑事裁定书披露：张某、余某等人运用技术手段骗过支付宝人脸识别认证，并使用公民个人信息注册支付宝账户，非法获利数万元。

这些案件的作案流程颇为雷同：不法分子非法获取他人照片或有偿收购他人声音等"物料"，仅需少量音视频样本数据，便可合成媲美真人的伪造音视频，用来实施精准诈骗，侵害他人人身和财产安全，或销售、恶意传播技术换脸不雅视频等，造成肖像权人名誉受损。

规制合成技术滥用 别再让公众为"脸面"担忧

保护人脸、指纹、声纹等敏感信息，不再担忧信息"裸奔"损害个人隐私、财产、名誉等，是公众的共同期待。

我国首个国家层面的科技伦理治理指导性文件《关于加强科技伦理治理的意见》近日印发，凸显技术伦理治理的重要性和紧迫性。在今年的最高法工作报告中，包括人脸安全在内的个人信息安全等多次被提及。

陈际红表示，打击"变脸"诈骗犯罪，应从技术的合法使用边界、技术的安全评估程序、滥用技术的法律规制等方面予以规范，提高技术滥用的违法成本。

中国工程院院士、信息技术专家邬贺铨提出，针对深度合成技术滥用现象，应以技术规制技术，利用技术创新、技术对抗等方式，提升和迭代检测技术的能力。

技术规制之外，针对技术滥用暴露的风险治理应当体系化、完善化。"要构建数据集质量规范、根据应用场景对相关技术进行风险分级分类管理，明确设计开发单位、运维单位、数据提供方的责任。"国家工业信息安全发展研究中心副总工程师邱惠君说。

专家提醒，针对花样翻新的"变脸"诈骗，公众要提高防范意识，不轻易提供人脸、指纹等个人生物信息给他人，不过度公开或分享动图、视频等；网络转账前要通过电话、视频等多种沟通渠道核验对方身份。一旦发现风险，及时报警求助。

资料来源：https://www.xuexi.cn/lgpage/detail/index.html?id=7554084563188623154&amp；item_id=7554084563188623154

1.1　信息素养

1.1.1　信息素养的概念

信息素养是指适应信息化需要具备的信息意识、信息知识、信息能力和信息道德，是对传统文化素养的延伸和拓展。具体而言，信息素养应包含以下五个方面的内容。

（1）热爱生活，有获取新信息的意愿，能够主动地从生活实践中不断地查找、探究新信息。

（2）具有基本的科学和文化常识，能够较为自如地对获得的信息进行辨别和分析，正确地加以评估。

（3）可灵活地支配信息，较好地掌握选择信息、拒绝信息的技能。

（4）能够有效地利用信息，表达个人的思想和观念，并乐意与他人分享不同的见解或资讯。

（5）无论面对何种情境，都能够充满自信地运用各类信息解决问题，有较强的创新意识和进取精神。

1.1.2　信息素养的表现

信息素养主要表现为以下八个方面的能力。

（1）运用信息工具。能熟练使用各种信息工具，特别是网络传播工具。

（2）获取信息。能根据自己的学习目标有效地收集各种学习资料与信息，能熟练地运用阅读、访问、讨论、参观、实验、检索等获取信息的方法。

（3）处理信息。能对收集的信息进行归纳、分类、存储记忆、鉴别、遴选、分析综合、抽象概括和表达等。

（4）生成信息。在信息收集的基础上，能准确地概述、综合、履行和表达所需要的信息，使之简洁明了，通俗流畅并且富有个性特色。

（5）创造信息。在多种收集信息的交互作用的基础上，迸发创造思维的火花，产生新信息的生长点，从而创造新信息，达到收集信息的终极目的。

（6）发挥信息的效益。善于运用接收的信息解决问题，让信息发挥最大的社会和经济效益。

（7）信息协作。使信息和信息工具作为跨越时空的、"零距离"的交往和合作中介，使之成为延伸自己的高效手段，同外界建立多种和谐的合作关系。

（8）信息免疫。浩瀚的信息资源往往良莠不齐，需要有正确的人生观、价值观、甄别能力，以及自控、自律和自我调节能力，能自觉抵御和消除垃圾信息、有害信息的干扰和侵蚀，并且完善合乎时代的信息伦理素养。

1.1.3　信息素养的提升

可以通过以下途径提升信息素养。

（1）学校教育。学校教育是当前人类汲取知识的主要渠道，也是培养和提高个人信息素养的主要阵地。学校提供的与信息有关的课程、书籍、实验实训条件、师资力量、检索工具等资源，为个人系统化学习信息知识、信息法律、信息经济、信息伦理、信息文化等理论知识，熟练掌握信息工具应用技能，提高信息获取、信息处理、信息创造等能力提供了条件保障。

（2）社会实践。信息素养的培养与提高离不开社会实践，将所掌握的信息理论与应用技能合理运用到日常学习、工作和生活中，不仅可以提高解决问题的效率，还可以促使自身信息素养的进一步提高。

1.2 信息技术发展史

1.2.1 信息技术的概念

信息技术（Information Technology，IT）是指在信息科学的基本原理和方法的指导下扩展人类信息功能的技术。一般来说，信息技术是以电子计算机和现代通信为主要手段，实现信息的获取、加工、传递和利用等功能的技术总和，主要包括传感技术、计算机技术、智能技术、网络与通信技术和控制技术。

1.2.2 信息技术的分类

（1）按表现形态的不同，信息技术可分为硬技术（物化技术）与软技术（非物化技术）。前者指各种信息设备及其功能，如显微镜、电话机、通信卫星、多媒体电脑。后者指有关信息获取与处理的各种知识、方法与技能，如语言文字技术、数据统计分析技术、规划决策技术、计算机软件技术等。

（2）按工作流程中基本环节的不同，信息技术可分为信息获取技术、信息传递技术、信息存储技术、信息加工技术及信息标准化技术。信息获取技术包括信息的搜索、感知、接收、过滤等，如显微镜、望远镜、气象卫星、温度计、Internet 搜索器所涉及的技术等。信息传递技术是指跨越空间共享信息的技术，又可分为不同类型，如单向传递技术与双向传递技术、单通道传递技术与多通道传递技术、广播传递技术等。信息存储技术是指跨越时间保存信息的技术，如印刷术、照相术、录音术、录像术、缩微术等。信息加工技术是对信息进行描述、分类、排序、转换、浓缩、扩充、创新等的技术。信息标准化技术是指使信息的获取、传递、存储、加工各环节有机衔接，与提高信息交换共享能力的技术，如信息管理标准、字符编码标准、语言文字的规范化等。

（3）根据信息设备不同，把信息技术分为电话技术、电报技术、广播技术、电视技术、复印技术、缩微技术、卫星技术、计算机技术、网络技术等。

（4）按技术的功能层次不同，可将信息技术体系分为基础层次的信息技术（如新材料技术、新能源技术），支撑层次的信息技术（如机械技术、电子技术、激光技术、生物技术、空间技术等），主体层次的信息技术（如感测技术、通信技术、计算机技术、控制技术），应用层次的信息技术（如文化教育、商业贸易、工农业生产、社会管理中用以提高效率和效益的各种自动化、智能化、信息化应用软件与设备）。

1.2.3　信息技术的发展

从古至今，人类共经历了五次信息技术的重大发展历程。每次信息技术的变革都对人类社会的发展产生了巨大的推动力。

（1）语言的创造。在猿向人转变时发生。劳动创造了人类，人类创造了语言，获得了人类特有的交流信息的物质手段，有了加工信息的特有的工具概念。

（2）文字的发明。发生于原始社会末期。它使人类信息传递突破了口语的直接传递方式，使信息可以储存在文字里，超越直接的时空界限，流传久远。

（3）造纸和印刷术的发明。这是在封建社会发生的变革。这一发明扩大了信息的交流和传递的容量和范围，使人类文明得以迅速传播。

（4）电报、电话、电视等现代通信技术的创造。发生在 19 世纪末 20 世纪初。这些发明创造使信息的传递手段发生了根本性的变革，加快了信息传输的速度，缩短了信息的时空范围，信息能瞬间传遍全球。

（5）电子计算机的发明和应用。20 世纪中叶出现的电子计算机从根本上改变了人类加工信息的手段，突破了人类大脑及感觉器官加工处理信息的局限性，极大地增强了人类加工、利用信息的能力。

1.2.4　信息技术的发展趋势

我国在"十三五"规划纲要中，将培育人工智能、移动智能终端、第五代移动通信（5G）、先进传感器等作为新一代信息技术产业创新重点发展，拓展新兴产业发展空间。

当前，信息技术发展的总趋势是从典型的技术驱动发展模式向应用驱动与技术驱动相结合的模式转变，信息技术发展趋势和新技术应用主要包括以下十一个方面。

1. 高速度和大容量

速度和容量是紧密联系的，鉴于海量信息泛滥的现状，处理要求高速、传输和存储要求大容量就成为必然趋势。而电子元器件、集成电路、存储器件的高速化、微型化、廉价化的快速发展，又使信息的种类、规模以更高的速度膨胀，其空间分布也表现为"无处不在"，在时间维度上，信息可以整合到信息系统初建的 20 世纪 80 年代。

2. 集成化和平台化

以行业应用为基础的，综合领域应用模型（算法）、云计算、大数据分析、海量存储、信息安全、依托移动互联的集成化信息技术的综合应用是目前的发展趋势。信息技术和信息的普及促进了信息系统平台化的发展，各种信息服务的访问结果和表现形式，与访问途径和访问路径无关，与访问设备无关，信息服务部署灵活，共享便利。信息系统集成化和平台化

的特点，使信息技术向信息消费型发展，注重良好的用户体验，而不必关心信息技术细节。

3. 智能化

随着工业和信息化的深度融合，智能化成为我国目前乃至今后相当长的一段时期的产业政策和资金投入的主导方向，以"智能制造"为标签的各种软硬件应用将为各行各业的各类产品带来"换代式"的飞跃甚至"革命"，成为拉动行业产值的主要方向。"智慧地球""智慧城市"等基于位置的应用模式的成熟和推广，本质上是信息技术和现代管理理念与环境治理、交通管理、城市治理等领域的有机渗透。

4. 虚拟计算

在计算机领域，虚拟化这种资源管理技术，是将计算机的各种实体资源，如服务器、网络、存储器等，抽象、封装、规范化并呈现出来，打破实体结构间的不可切割的障碍，使用户能够以比原本的组态更好的方式来使用这些资源。这些虚拟资源不受现有资源的地域、物理组态和部署方式的限制。一般所指的虚拟化资源包括计算能力和数据存储能力。通常所说的虚拟计算，是一种以虚拟化、网络、云计算等技术的融合为核心的一种计算平台、存储平台和应用系统的共享管理技术。虚拟化已成为企业 IT 部署不可或缺的组成部分。一般来看，虚拟化技术主要包括服务器虚拟化、存储虚拟化、网络虚拟化、应用虚拟化及桌面虚拟化。

在实际的生产环境中，虚拟化技术主要用来解决高性能的物理硬件产能过剩和老旧的硬件产能过低的重组重用，透明化底层物理硬件，从而最大化地利用物理硬件。由于实际物理部署的资源由专业的技术团队集中管理，虚拟计算可以带来更低的运维成本，同时，虚拟计算的消费者可以获得更加专业的信息管理服务。虚拟计算应用于互联网上，是云计算的基础，也是云计算应用的一个主要表现，这已经是当今和未来信息系统架构的主要模式。

5. 通信技术

随着数字化技术的发展，通信传输向高速、大容量、长距离发展，光纤传输的激光波长从 1.3 微米发展到 1.55 微米并普遍应用。波分复用技术已经进入成熟应用阶段，光放大器代替光电转换中继器已经实用；相干光通信、光孤子通信已经取得重大进展。4G、5G 无线网络和基于无线数据服务的移动互联网已经深入社会生活的方方面面，并在电子商务、社区交流、信息传播、知识共享、远程教育等领域发挥了巨大的作用，极大地影响了人们的工作和生活方式，成为经济活动中最具发展创新活力的引擎。

6. 感测与识别技术

感测与识别技术的作用是仿真人类感觉器官的功能，扩展信息系统（或信息设备）快速、准确获取信息的途径。它包括信息识别、信息获取、信息检测等技术。能够自动检测并传输信息的设备一般称为传感器。传感技术同计算机技术与通信技术一起被称为信息技术的三大支柱。从仿生学的观点来看，如果把计算机看成处理和识别信息的"大脑"，把通信系统看成传递信息的"神经系统"，那么传感器就是"感觉器官"。传感技术是关于从自然信源获取信息，并对之进行处理（变换）和识别的多学科交叉的现代科学与工程技术，它涉及传感器、信息处理和识别设备的设计、开发、制造、测试、应用、评价及改进等活动。传感器用于获取各类信息，包括检测物理量（如重量、压力、长度、温度、速度等）、化学量（烟雾、污染、颜色等）或生物量（声音、指纹、心跳、体温等）的传感器。信息处理包括信号的预处理、后置处理、特征提取与选择等。识别的主要任务是对经过处理的信息进行辨识与分类。它用被识别（或诊断）对象与特征信息间的关联关系模型对输入的特征信息集进行辨识、比较、分类和判断。

7. 传感与交互技术

计算机网络、通信设备、智能手机、智能电视，以及基于这些信息技术和信息平台的交互方式时刻都在传送着难以计量的巨大数据，这些数据的来源，从根本上看都是由各式各样的传感器产生并"输入"庞大的数据通信网络，传感与交互技术的发展程度，直接影响着信息的来源和处理的效率。随着信息技术的进步和信息产业的发展，传感与交互控制在工业、交通、医疗、农业、环保等方面的应用将更加广泛和深入。传感器与计算机结合，形成了具有分析和综合判断能力的智能传感器；传感器与交互控制技术的进步，广泛地应用于水情监测、精细农业、远程医疗等领域；传感器与无线通信、互联网的结合，使物联网成为一个新兴产业。可以说，传感和识别技术是物联网应用的重要基础，而物联网应用未来将遍及国民经济和日常生活的方方面面，成为计算机软件服务行业的应用重点，也是工业和信息化深度融合的关键技术之一。

8. 移动智能终端

目前，除了基本通话模块、数据传输模块、网络模块、图像处理模块和并行处理操作系统，手机上还集成了麦克风、摄像头、陀螺仪、加速度计、光线传感器、距离传感器、重力传感器、指纹识别设备，以及用于定位的GPS（全球卫星定位系统）模块，这些传感器为手机感受位移、旋转等运动状态，进行语音识别和图像识别，确定自身位置信息提供了硬件支持。强大的存储和计算能力，使手机可以对这些信息进行数据融合和综合判断。在数据交换方面，手机可作为TCP/IP终端节点通过Wi-Fi、4G、5G接入本地的互联网，还可以通过红外传输和蓝牙技术与其他设备进行通信。智能手机逐渐成为人们在通信、文档管理、社交、学习、出行、娱乐、医疗保健、金融支付等方面的便捷、高效的工具。

9. 以人为本

信息技术不再是专家和工程师才能掌握和操纵的高科技，而开始真正地面向普通公众。信息表达形式和信息系统与人的交互超越了传统的文字、图像和声音，机器或者设备模拟视觉、听觉、触觉、语言、姿态甚至思维等技术或者手段已经在各种信息系统中大量出现，各类信息系统可以模仿人与真实世界的交互方式，让使用者获得非常完美的用户体验。

10. 信息安全

在信息化社会中，计算机和网络在军事、政治、金融、工业、商业等领域的应用越来越广泛，社会对计算机和网络系统的依赖程度越来越高，如果计算机和网络系统的信息安全受到危害，将导致社会的混乱并造成巨大损失。信息安全关系到国家的国防安全、政治安全、经济安全、社会安全，是国家安全的重要组成部分。

因此，信息的获取、传输、处理及其安全保障能力成为一个国家综合国力和经济竞争力的重要组成部分，信息安全已成为影响国家安全、社会稳定和经济发展的决定性因素之一，已成为受人关注的社会问题和信息科学与技术领域的研究热点。

2014 年 2 月，中央网络安全和信息化领导小组宣告成立，集中领导和规划我国的信息化发展和信息安全保障，这标志着网络信息安全已经上升到国家安全战略的高度。中央网络安全和信息化领导小组将着眼国家安全和长远发展，统筹协调涉及经济、政治、文化、社会及军事等各个领域的网络安全和信息化重大问题，研究制定网络安全和信息化发展战略、宏观规划和重大政策，推动国家网络安全和信息化法治建设，不断增强安全保障能力。

11. 两化融合

两化融合既工业化和信息化的融合，是指电子信息技术广泛应用到工业生产的各个环节，信息化成为工业企业经营管理的常规手段。信息化进程和工业化进程不再相互独立进行，二者不再是单方的带动和促进关系，而是在技术、产品、管理等各个层面相互交融，彼此不可分割，并催生工业电子、工业软件、工业信息服务业等新产业。两化融合是工业化和信息化发展到一定阶段的必然产物。

"两化融合"的含义：一是指信息化与工业化发展战略的融合，即信息化发展战略与工业化发展战略要协调一致，信息化发展模式与工业化发展模式要高度匹配，信息化规划与工业化发展规划、计划要密切配合；二是指信息资源与材料、能源等工业资源的融合，其能极大节约材料、能源等不可再生资源；三是指虚拟经济与工业实体经济的融合，其能够孕育新一代经济的产生，极大地促进信息经济、知识经济的形成与发展；四是指信息技术与工业技术、IT 设备与工业装备的融合，其能够产生新的科技成果，形成新的生产力。

1.3　信息伦理与职业行为自律

1.3.1　信息伦理的定义

信息伦理是指涉及信息开发、信息传播、信息管理、信息利用等方面的伦理要求、伦理准则、伦理规约，以及在此基础上形成的新型的伦理关系。信息伦理又称信息道德，它是调整人与人，以及个人和社会之间信息关系的行为规范的总和。

1.3.2　信息伦理的内容

信息伦理的内容包括个人信息道德和社会信息道德两个方面，以及信息道德意识、信息道德关系、信息道德活动三个层次。个人信息道德是指人类个体在信息活动中以心理活动的形式表现出来的道德观念、情感、行为和品质，如对信息劳动的价值认同，对非法窃取他人信息成果的鄙视等；社会信息道德是指社会信息活动中人与人之间的关系，以及反映这种关系的行为准则与规范，如扬善抑恶、权利义务、契约精神等。

信息伦理的第一层次是信息道德意识，包括与信息相关的道德观念、道德情感、道德意志、道德信念、道德理想等。它是信息道德行为的深层心理动因。信息道德意识集中地体现在信息道德原则、规范和范畴之中。

信息伦理的第二层次是信息道德关系，包括个人与个人的关系、个人与组织的关系、组织与组织的关系、个人与社会的关系、组织与社会的关系。这种关系是建立在一定的权利和义务的基础上，并以一定信息道德规范形式表现出来的。

信息伦理的第三层次是信息道德活动，包括信息道德行为、信息道德评价、信息道德教育和信息道德修养等。信息道德行为即人们在信息交流中所采取的有意识的、经过选择的行动。根据一定的信息道德规范对人们的信息行为进行善恶判断即信息道德评价。按一定的信息道德理想对人的品质和性格进行陶冶就是信息道德教育。信息道德修养则是人们对自己的信息意识和信息行为的自我解剖、自我改造。

1.3.3　信息主体的伦理规范

组成社会的三大支柱是物质、能量和信息。信息活动是人类社会不断进步、有序发展的保证，是人类社会走向和谐与繁荣的前提。尤其在当今信息社会中，所出现的信息超载、信息污染、贫富不均，以及信息的无国界传播或越境数据流等现象，引起了人们对信息伦理问题的关注和研究兴趣。当面对信息污染、信息分化、信息作假等问题时，需要从信息伦理的角度深入思考。美国加利福尼亚大学网络伦理协会认为以下几种行为属于网络不道德行为。

（1）有意地造成网络交通混乱或擅自闯入网络及与其相连的系统。

（2）商业性或欺骗性地利用大学计算机资源。

（3）盗窃资料、设备或智力成果。

（4）未经许可而查看他人的文件。

（5）在公共用户场合做出引起混乱或造成破坏的行为。

（6）伪造电子邮件信息。

在信息伦理道德关系中，以信息为主体的社会伦理道德关系占据了重要位置，需要相应的伦理道德规范来进行规范和指引。信息主体一般分为信息生产者、信息服务者和信息使用者。

（1）信息生产者伦理规范。在当今的信息社会中，信息不仅仅用于沟通，而且还作为商品进行经营。在这种情况下，信息生产的道德控制就显得非常重要了。如果信息生产者没有正确的信息伦理道德规范，他们生产的信息产品在数量和质量上就难以保证，从而造

成信息污染，甚至造成大的灾难，阻碍社会进步。当前，信息生产者的不道德行为非常令人担忧，如制造虚假信息、对信息成果的封锁、不加节制地生产大量垃圾信息、为非正当目的生产信息等。

信息生产者的道德规范主要有：第一，准确、客观、真实。尊重客观事实，反映客观规律，做到信息的准确、真实、完整，不弄虚作假、故弄玄虚、哗众取宠。要对使用信息成果所带来的负面效应承担道德责任。第二，及时。信息具有及时性，很多信息过期了就会失效，作为信息生产者需要及时给用户提供相应的信息。第三，适度的保密性。对于个人的发明、专利、技术等，信息生产者为了维护自身利益，允许在一定范围内具有一定程度的保密性。但如果肆意扩大保密范围，就将阻碍人类正常的信息交流，因而应受到社会道德的责难。

（2）信息服务者道德规范。由于互联网的迅速发展，信息服务业蓬勃发展起来。快速发展的信息服务业应建立一个完整的道德规范体系，以保证信息从业人员的正确行为。从狭义的角度讲，信息服务者的道德规范就是信息从业者的职业道德。信息职业道德是信息工作人员在从事信息职业活动中逐渐形成的道德规范和行为准则。信息职业道德是优化信息服务者、信息使用者、信息生产者之间信息交往、信息行为的有力武器，是信息职业建设中的一个重要组成部分。

（3）信息使用者道德规范。信息生命周期的终点是信息的使用。信息对人类社会的作用，主要取决于信息使用者的道德标准和道德信念。同样一条信息，有人用它来造福人类，也有人用它来制造灾难。信息使用者的道德规范应包括尊重别人的信息创作权、所有权、隐私权，不歪曲篡改他人的信息，不利用信息进行不正当竞争等违法犯罪行为，要利用信息为社会进步、人类幸福服务。信息使用者主要道德规范如下。

1）基本信息道德原则。

① 全民平等原则。一切信息行为需要服从于信息社会的整体利益，每个信息用户都享有平等的社会权利和义务，信息网络对每一个用户都应该做到一视同仁。

② 社会兼容原则。信息主体间的行为应符合相互认同的规范和标准，个人的信息行为应该被社会所接受，信息用户之间的信息交往应实现行为规范化、语言可理解化和交流无障碍化。

③ 共享互惠原则。信息用户需要认识到，自己既是信息和服务的使用者和享受者，也是信息的生产者和提供者。当信息用户享有社会信息交往的一切权利时，也应承担社会对其所要求的责任。

2）基本信息行为规范和信息礼仪。

例如，在线交流的基本礼仪是：要让信息简明扼要；每条信息集中于一个主题；不要对信息发布者的社会身份做过多猜疑，最好就事论事；不要用学术网从事商业或营利活动；签名可以包括姓名、职业、单位和网址，但不要超过4行，签名中可选择的信息包括住址和电话号码；大写的词只用来突出要点或使题目和标题更醒目，也可以用星号（*）围住一个词使它更突出；慎用讽刺和幽默，在没有直接交流和必要表意符的情况下，你的玩笑也许会被认为是一种批评；必要时采用缩写式。

1.3.4　职业行为自律

职业行为自律一般表现在以下八个方面。

（1）尊重他人，维护所有人的权利，包括受雇人员、使用者、经济利益相关者、政府和社会各界人士。尊重他人的隐私和人身安全，不得以任何方式侵犯和损害他人的利益。

（2）谨慎对待网络和计算机信息资源，安全地处理和使用计算机信息技术，尽可能地节省计算机和网络资源，维护公共技术资源的安全与公平性。

（3）尊重劳动成果，不得以任何假冒伪劣的手段侵权他人的知识产权及其完整权。

（4）秉承为人诚实守信的原则，不得利用虚假个人信息和不良手段对公司和其他行业机构进行欺诈，损害公司或他人的声誉。

（5）合理地组织、协调和管理计算机活动，合法使用计算机硬件及软件资源，不能私自窃取、盗用计算机信息资源，不能非法获取他人信息资料和版权文件，不能恶意破坏计算机系统或任何建立在计算机网络上的信息。

（6）尊重科学研究和技术创新，推动科学技术发展。不能传播非法和淫秽的信息，不能广播和散布带有暴力和侮辱性内容的信息。

（7）遵守计算机行业的国家规定和公认的行业规则，不得利用职业的便利变现任何违法信息。

（8）积极参与网络的监管，尽自己的力量来保护公共秩序和正义。

> **拓展阅读**

百余家单位共同发布《互联网信息服务算法应用自律公约》

2021 年 11 月 19 日，首届中国网络文明大会数据与算法论坛发布了《互联网信息服务算法应用自律公约》（以下简称《公约》）。《公约》由中国网络社会组织联合会联合中国互联网发展基金会、中国网络安全协会、中国互联网协会、人民网、新华网、央视网、阿里巴巴、腾讯、百度、京东等 105 家会员单位及相关企业共同发起，旨在加强互联网信息服务行业自律，引导平台及企业担当社会责任，促进算法应用向上向善，强化算法应用示范引领，推动用主流价值导向驾驭算法，助力共建算法良好生态。《公约》强调，各相关平台要严格遵守国家相关法律法规和政策文件，落实指导意见要求，积极践行社会主义核心价值观，严守法律法规；要强化主体责任意识，建立算法治理机制，落实算法治理措施，落实主体责任；要保障个人知情权、选择权及用户群体合法权益，切实解决维权难现象，维护个人权益；要防范算法应用安全风险、信息内容安全风险及算法数据安全风险，筑牢安全防线；要促进信息推荐公平、流量有序、商品价格公平和订单分配公平，促进算法公平；要在设计研发、算法应用、算法管理等方面，推动创新发展。

❖ 本章小结

本章主要介绍了信息素养的基本概念，对信息技术的概念、分类、发展做了概要阐述，并提出了信息伦理与职业行为自律的内容，旨在规范学生的行为，培养学生的职业道德和社会责任。

❖ 思考与练习

一、填空题

1.信息素养是指适应信息化需要具备的_____、_____、_____和_____，是对传统文化素养的延伸和拓展。

2.信息技术主要包括_____技术、_____技术、_____技术、_____技术和_____技术。

3.按工作流程中基本环节的不同，信息技术可分为_____技术、_____技术、_____技术、_____技术及_____技术。

4.信息伦理的内容包括_____和_____两个方面，以及_____、_____、_____三个层次。

二、简答题

1.信息素养包括哪些内容?

2.简述信息素养的主要表现。

3.简述信息技术的发展历程。

4.谈一谈你认为未来信息技术的发展趋势是怎样的。

5.简述信息伦理的三个层次。

6.举例说一说哪些是网络不道德行为。

第2章
信息检索

学习目标

知识目标：

了解信息检索的概念、基本原理与类型；熟悉搜索引擎的分类；掌握检索语言的分类，信息检索的途径、方法与步骤，常用的搜索引擎。

能力目标：

能利用各种搜索引擎、服务平台进行信息检索。

素养目标：

培养收集信息、搜索信息、整理信息的基本素养。

案例导入

信息"爆炸"时代，搜索引擎是如何工作的？

随着时代的发展，网络早已融入我们的生活，搜索引擎让信息的查找和获取变得简单而精确，那么，它是如何检索信息的呢？

搜索引擎的工作过程大体分为四个步骤：爬行和抓取、建立索引、处理搜索词、展示排名，人们日常使用搜索引擎查找资料的过程只是搜索引擎工作过程中的一个环节。首先，搜索引擎会向万维网派出一个能够发现新网页并抓取网页文件的程序，这个程序通常被称为蜘蛛（Spider）。它在工作的时候从网站的某一个页面开始，读取网页的内容，找到在网页中的其他链接地址，然后通过这些链接地址寻找下一个网页，这样一直循环下去，直到把这个网站所有的页面都抓取完为止。如果把整个互联网当作一张大网，那么这个程序就像蜘蛛一样抓取所有的网页内容。在蜘蛛程序抓取了网页文件之后，通过对网页内容的分析和处理，对网页信息进行提取并组织建立索引库，即建立一定的搜索原则，也就是说当用户查找某一关键词时，搜索引擎能根据关键词在数据库中进行查找和搜索，找到相应的位置。

当搜索引擎对网络数据建立了数据库之后，接下来就是用户使用阶段了，当用户在搜索栏输入搜索词，单击"搜索"按钮后，搜索引擎即对输入的搜索词进行处理，以提取相

应的关键词，通过关键词在数据库中进行索引和查找，在实际的应用中，搜索词的处理是十分快速的。

当搜索引擎根据搜索词找到相关的网页之后，接下来就遇到了一个问题，究竟把哪一个网页的链接呈现在前面，哪些链接放在后面呢？这就涉及搜索引擎工作的最后一步——展示排名。在众多网页中，搜索引擎会根据算法计算得出一个网站所提供信息的有效性、原创性和信息的认可度等指标，结合网站自身权重等综合算法给出相应的排名显示，同样的，会对一些质量较低的垃圾网站进行过滤，以提高用户检索的有效性。

在信息"爆炸"的时代，搜索引擎带给我们的是快速精准的信息查找方式，这大大节省了人们获取知识的时间，提高了人们的生产效率，相信随着技术的发展，搜索引擎在未来必定发挥更大的作用。

资料来源：https://www.xuexi.cn/lgpage/detail/index.html?id=11614958583370009239

2.1 信息检索基础

2.1.1 信息检索的概念

信息检索起源于图书馆的参考咨询和文摘索引工作，从 19 世纪下半叶开始发展，至 20 世纪 40 年代，索引和检索已成为图书馆独立的工具和用户服务项目。1946 年世界上第一台电子计算机问世，计算机技术逐步应用于信息检索领域，并与信息检索理论紧密结合起来；脱机批量情报检索系统、联机实时情报检索系统相继研制成功并商业化。20 世纪 60 年代至 80 年代，在信息处理技术、通信技术、计算机和数据库技术的推动下，信息检索在教育、军事和商业等各领域高速发展，得到了广泛的应用。

信息检索是基于科学方法，利用检索工具从有序的信息集合中检索出所需信息的一种行为，它可以极大地提高人类对信息资源的利用效率。信息检索的概念有狭义和广义之分。狭义的信息检索是指依据一定的方法，从已经组织好的大量有关文献集合中，查找并获取特定的相关文献的过程。这里的文献集合，不是指通常所说的文献本身，而是关于文献的信息或文献的线索。如果真正要获取文献中所记录的信息，那么还要依据检索所取得的文献线索索取原文。

广义的信息检索，包括信息的存储和检索两个过程。信息存储包括三个步骤。

（1）信息的选择与收集。它是指检索系统根据本系统的服务目的，确定信息收集、处理的原则，对分布在各处的离散的信息进行收集加工。

（2）信息的标引。标引是信息加工人员对收集到的信息内容特征进行分析之后，对每条信息加上系统能够识别的检索标识的过程。

（3）形成大量有序可检的信息集合。工作人员将标引后的信息条目录入，并将其按照一定的顺序排列起来，形成有序的信息集合——数据库，从而为信息检索奠定基础。

信息的检索过程则是信息存储的逆过程。信息用户根据自己的需求对主题和概念进行认真分析后，将自己的信息需求转化为检索表达式。该检索表达式与系统标识的比较匹配过程就是检索的过程。

2.1.2　信息检索的基本原理

信息检索的工作原理如图 2-1 所示。信息存储与信息检索是意义不同却又相互联系、相互依存、不可分割的两个过程。信息存储是为了检索，信息检索又必须先有信息存储。存储是检索的前提和基础，检索是存储的目的。

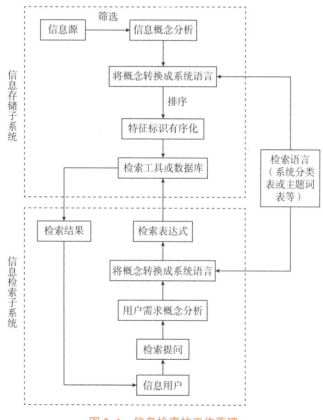

图 2-1　信息检索的工作原理

2.1.3　信息检索的类型

信息检索根据不同的检索对象可以分为书目检索、全文检索、数据检索、多媒体检索、图像检索、超文本检索与事实检索等。

（1）书目检索。书目检索是指使用以二次文献为存储对象的信息系统（如目录型、题录型、文摘型数据库）检索相关信息，是一种相关性检索。其特点是检索结果不直接解答用户提出的问题，只提供与之相关的线索。

（2）全文检索。全文检索是指从存储有大量原始文献全文的数据库中检索全文或某一章节，属相关性检索的范畴。其特点是在书目检索基础上更深层次的内容检索。

（3）数据检索。数据检索是指以数值信息为检索对象，通过检索，用户可以获得所需要的确切数据，是一种确定性检索。它一般以数据大全、手册、年鉴等为检索工具。

（4）多媒体检索。多媒体检索是指以文字、图像、声音等多媒体信息为检索内容的信息检索，其检索结果图文并茂，丰富多彩。

（5）图像检索。图像检索是指以图形、图像或图文信息为检索对象的信息检索。

（6）超文本检索。超文本检索是指以超文本信息作为检索对象的信息检索，如网页、网站。

（7）事实检索。事实检索是指检索系统中存储的是从原始文献中抽取的各种事实，用户通过检索可获得有关事物、事件的发生与发展情况及相关资料，它也是一种确定性检索。一般利用字词典、年鉴、百科全书、手册等为检索工具。

2.1.4 信息检索语言

1. 信息检索语言的概念

检索语言是信息检索系统存储和检索所使用的共同语言，即在文献存储时，文献的内容特征（如分类、主题）和外表特征（如书名、刊名、著者等）按照一定的语言来描述，检索文献时的提问也按照一定的语言来加以表达，这种在文献存储和检索过程中，共同使用、共同遵循的语言就是检索语言。

2. 信息检索语言的作用

信息检索语言在信息检索中起着极其重要的作用。主要表现在以下几个方面。

（1）标引文献信息内容及其外表特征，保证不同标引人员表征文献的一致性。

（2）对内容相同及相关的文献信息加以集中或揭示其相关性。

（3）使文献信息的存储集中化、系统化、组织化，便于检索者按一定的排列次序进行有序化检索。

（4）便于对标引用语和检索用语进行相符性比较，保证不同检索人员表述相同文献内容的一致性，以及检索人员与标引人员对相同文献内容表述的一致性。

（5）保证检索者按不同需要检索文献时，都能获得最佳的检索效果。

3. 信息检索语言的分类

信息检索语言可以根据不同的标准分为不同的类型。

（1）按构成原理，信息检索语言分为表述文献外部特征的语言和表述文献内部特征的语言。

1）表述文献外部特征的语言是以文献上记明的、显而易见的特征，如题名（篇名）、著者姓名、文献序号（国际标准书号、国际连续出版物编号、专利号、报告号等）、出版事项、文献类型等作为文献的标识和检索的依据，供人们从这些入口进行标引和检索，它们具有客观性和唯一性。

2）表述文献内部特征的语言按结构原理可分为分类语言、主题语言、引文语言。

① 分类语言。分类语言是按文献内容所属的学科或专业，结合文献内容特征，根据特定分类体系而编制的检索系统。通过分类体系的分类号使同学科专业文献集中在一起，以分类号作为检索标识的一类检索语言。以知识属性来描述和表达信息内容的信息处理方法称为分类法。著名的分类法有《国际十进分类法》《美国国会图书馆图书分类法》《国际专利分类表》《中国图书馆图书分类法》等。

② 主题语言。主题语言是指以自然语言的字符为字符，以名词术语为基本词汇，用一组名词术语作为检索标识的一类检索语言。以主题语言来描述和表达信息内容的信息处理方法称为主题法。主题语言又可分为标题词、元词、叙词、关键词。

③ 代码语言。代码语言是指对事物的某方面特征，用某种代码系统来表示和排列事物概念，从而提供检索的检索语言。例如，根据化合物的分子式这种代码语言，可以构成分子式索引系统，允许用户从分子式出发，检索相应的化合物及其相关的文献信息。

（2）按标识和组合使用方法，信息检索语言分为先组式检索语言和后组式检索语言。

1）先组式检索语言是指描述文献主题概念的标识在检索之前就已经事先固定好的标识系统，检索时只能直接利用预先组配好的检索词，如体系分类语言、标题词语言等。

2）后组式检索语言是指描述文献主题概念的标识在检索之前未固定组配，而是在检索时根据检索的实际需要，按照组配规则临时进行组配的标识系统，如元词语言、叙词语言等。

2.1.5　信息检索的途径

检索途径是信息检索工具的检索入口，即信息检索工具提供的、用以查询获取资源的各种标识，在计算机检索中表现为字段检索。检索途径主要分为外表特征检索途径和内容特征检索途径两类。

1. 基于文献外部特征的检索途径

文献外部特征是文献检索对象外部标识上可见的特征。基于文献外部特征的检索途径主要有题名途径（书名、刊名、篇名）、著者途径（作者、编者、译者、专利权人等）、序号途径（专利号、标准号、索取号、ISBN、ISSN、报告号等）。它们直接来源于文献本身，与文献存在一一对应的关系，查准率高。

2. 基于文献内容特征的检索途径

文献内容特征是指文献表达的主题概念，反映文献的实质内容，是重要的检索途径。主要有分类途径、主题途径和关键词途径。

（1）分类途径。分类途径是按照信息内容在特定的学科分类体系中的位置（类目名称或分类号）作为检索入口来检索信息的途径，可满足从学科、专业等内容出发获取信息的需要。其检索标识就是给定的类目名称或分类号码。

（2）主题途径。主题途径是指通过文献的内容主题进行检索的途径，利用主题词作为检索入口来检索信息。主题途径可以将分散在各个学科中的有关文献集中于同一主题之下，便于分析选择。

（3）关键词途径。关键词途径是以文献的篇名、文摘或全文中抽出来的能表达文献实质内容、起关键作用的名词术语作为检索标识进行信息检索的途径。

2.1.6　信息检索的方法

1. 直接法

直接法是指直接利用检索工具（系统）查找信息的方法，又称工具法，是最常用的一种检索方法。根据检索信息的时间顺序，可分为顺查法、倒查法和抽查法。

（1）顺查法。顺查法是从检索课题研究的起始年代，按时间顺序由远及近的查找方法。顺查法查全率较高，查到的信息比较系统、全面，但效率低，费时费力。

（2）倒查法。倒查法是按由近及远的时间顺序检索信息的方法。倒查法便于掌握近期该课题的进展水平和动向，省时省力，但查全率较低，容易漏掉早期有价值的文献。

（3）抽查法。抽查法是针对课题发表文献比较集中的年限，有选择性地检索信息的一种方法。抽查法以较少时间获得较多的文献，检索效率较高，但是在检索时必须准确把握学科发展特点，否则会漏检。

2. 追溯法

追溯法又叫作参考文献法，是指不利用检索工具，而是利用文献所列的参考文献为线索进行追溯查找的方法。优点是简单方便，通过滚雪球式的追踪检索获取所需的信息；缺点是检索到的信息不够全面，查全率较低，而且追溯的年代越远，所获得的信息越旧。一般是在缺少信息检索工具的情况下，作为一种辅助方法使用。

3. 综合法

综合法又称为循环法、交替法、分段法，它是将上述两种方法加以综合运用的方法。首先利用直接法，即利用信息检索工具，检索出一批文献，然后再利用文献后所附的参考文献进行追溯，扩大检索范围，获得更多的相关信息。如此循环地使用直接法和追溯法，直到检索到的信息满足检索要求为止。综合法吸取了直接法和追溯法的优点，既可获得特定时期的文献，又可节约检索时间，检索效率较高，是实际检索中采用较多的方法。

▍知识拓展▍

查全率

查全率是指系统在进行某一检索时，检出的相关文献量与检索系统中相关文献总量的比率，是衡量信息检索系统检出相关文献能力的尺度，反映该系统中实有的相关文献量在多大程度上被检索出来。

2.1.7 信息检索的步骤

信息检索的基本步骤包括分析检索课题、确定检索标识、确定检索途径、选择检索工具、选择检索方法、获取原文。

1. 分析检索课题

检索为课题是解决特定问题的需要而拟定的课题。课题分析是信息检索过程中最重要的环节。课题分析应从以下四方面进行。

（1）确定课题的学科性质、主题内容，尤其是新学科领域的研究课题。学科范围越具体越有利于检索。找出反映课题中心问题的主题概念，选择适当的主题词或关键词。

（2）了解课题的检索目的和检索要求，同样的用户检索提问，如果检索目的不同，检索过程就会截然不同。检索要求是指查找文献的语种要求、国家或地区要求、文献年限要求、文献类型要求等。

（3）明确检索课题的类型。如果是技术应用和开发的课题，侧重于检索专利文献、标准文献及科学报告；如果是基础理论课题，应侧重于检索期刊论文、专著和会议论文。

（4）掌握与课题有关的背景知识和专业知识，如课题的历史与现状、用户已掌握的资料线索、用户技术背景等。

2. 确定检索标识

检索标识是检索课题包含的提供查找的某种线索。它包括所属学科、主题、时间范围、人物、史实、字词等。每一个检索课题都包含一个或多个甚至一系列的标识，应该分析出主要的、有检索意义的标识。如从主题途径检索，就要确定主题词；从分类途径检索，就要确定分类号。只有确定了有检索意义的标识，才能选择合适的检索途径、检索工具和检索方法。

3. 确定检索途径

一般的检索工具都根据文献的内容特征和外部特征提供多种检索途径。手工检索主要有主题途径、分类途径和著者途径。计算机检索系统中的检索途径是与其可检索字段相对应的，即有多少个可检索字段就有多少个检索途径。检索途径越多，就越方便读者从不同途径获得有关文献，提高文献的查全率。

4. 选择检索工具

首先应该根据所需信息的不同种类来确定所使用的检索工具。当前文献信息检索工具的数量非常庞大，仅纸质工具书就有数万种。每一个学科，甚至每一个学术研究领域，都有大量工具书可以使用，而电子文献信息检索工具，随着信息技术的高速发展，其数量、种类也越来越多，使人应接不暇。每一种检索工具都有其独特的优势，也各自存在着不足之处，检索者在进行检索之前，必须认真分析，仔细选择最合适的检索工具。

5. 选择检索方法

（1）根据检索工具的条件。在没有检索工具的情况下，可采用追溯法。在检索工具较齐全的情况下，可采用直接法和综合法，这两种方法的查全率、查准率都较高。

（2）根据检索课题的要求。科研主题复杂、研究范围较大、研究时间较长的科学研究以查全、查准为主，应采用顺查法。新兴的课题研究以快、准为主，宜用倒查法。学科处于兴旺发展时期，信息发表得特别多，则在该时期内采用抽查法检索效果好。

（3）根据学科发展特点。课题属于年轻学科，起始年代不太长，一般采用顺查法（也可采用倒查法）。课题检索属于较老课题，起始年代较早或无从考察，则可采用倒查法。有的学科在一定的年代里处于兴旺发展时期，信息发表得特别多，则在该时期内采用抽查法检索效果好。

6. 获取原文

当查到研究课题的相关信息后，判定是否符合检索需要，如符合需要，则要准确记录下题名、作者、出处等以获取原始文献。原始文献可通过以下方式获取。

（1）利用二次文献检索工具获取原始文献。

（2）利用馆藏目录和联合目录获取原始文献。

（3）利用文献出版发行机构获取原始文献。

（4）利用文献著者获取原始文献。

（5）利用网络获取原始文献。

2.2 搜索引擎

2.2.1 搜索引擎的概念

搜索引擎又称为检索引擎、查询引擎，是指基于 Internet 站点，检索相关网页信息。广义上搜索引擎是指一种基于 Internet 的信息查询系统，包括信息存取、信息组织和信息检索；狭义上搜索引擎是指一种为搜索 Internet 上的网页而设计的检索软件（系统）。

2.2.2 搜索引擎的分类

搜索引擎包括全文搜索引擎、目录搜索引擎、元搜索引擎、垂直搜索引擎、集合式搜索引擎、门户搜索引擎等。

1. 全文搜索引擎

全文搜索引擎是目前广泛应用的主流搜索引擎，如 Google（谷歌）、百度。它们从互联网提取各个网站的信息，建立起数据库，并能检索与用户查询条件相匹配的记录，按一定的排列顺序返回结果。

根据搜索结果来源的不同，全文搜索引擎可分为两类：一类是拥有自己的检索程序，能自建网页数据库，检索结果直接从自身的数据库中调用，Google 和百度就属于此类；另一类则是租用其他搜索引擎的数据库，并按自定的格式排列搜索结果。

一般网络用户适用于全文搜索引擎。这种搜索方式方便、简捷，并容易获得所有相关信息，但搜索到的信息过于庞杂，因此用户需要逐一浏览并甄别出所需信息。在用户没有明确检索意图的情况下，这种搜索方式非常有效。

2. 目录搜索引擎

目录搜索引擎虽然有搜索功能，但严格意义上不能称为真正的搜索引擎，其只是按目录分类的网站链接列表。用户完全可以按照分类目录找到所需要的信息，不依靠关键字进行查询。目录搜索引擎中最具代表性的有 Yahoo、新浪分类目录搜索。

3. 元搜索引擎

元搜索引擎接受用户查询请求后，同时在多个搜索引擎上搜索，并将结果返回给用户。在搜索结果排列方面，有的直接按来源排列搜索结果，有的则按自定的规则将结果重新排列组合。元搜索引擎适用于广泛、准确地收集信息。不同的全文搜索引擎由于其性能和信息反馈能力差异而各有利弊，元搜索引擎的出现恰恰解决了这个问题，有利于各基本搜索引擎间的优势互补。而且本搜索方式有利于对基本搜索方式进行全局控制，引导全文搜索引擎的持续改善。

4. 垂直搜索引擎

垂直搜索引擎为 2006 年后逐步兴起的一类搜索引擎。垂直搜索引擎是对某一特定行业内数据进行快速检索的一种专业搜索方式。垂直搜索引擎适用于有明确搜索意图情况下进行检索。例如，用户购买机票、火车票、汽车票时，或想要浏览网络视频资源时，都可以直接选用行业内专用搜索引擎，以准确、迅速地获得相关信息。

5. 集合式搜索引擎

集合式搜索引擎类似元搜索引擎，区别在于它并非同时调用多个搜索引擎进行搜索，而是由用户从提供的若干搜索引擎中选择。

6. 门户搜索引擎

门户搜索引擎如 AOL Search、MSN Search 等，虽然提供搜索服务，但自身既没有分类目录也没有网页数据库，其搜索结果来自其他搜索引擎。

2.2.3　常用搜索引擎

1. 综合型搜索引擎

（1）百度。百度搜索（http://www.baidu.com）2000 年 1 月由李彦宏、徐勇两人创立于北京中关村，致力于向人们提供"简单，可依赖"的信息获取方式。百度每天响应来自

100 余个国家和地区的数十亿次搜索请求，是网民获取中文信息的重要入口。百度除网页搜索外，还提供文档、地图、影视等多样化的搜索服务，并创造了以贴吧、知道为代表的搜索社区。

（2）谷歌。谷歌公司成立于 1998 年 9 月 4 日，由拉里·佩奇和谢尔盖·布林共同创建，被公认为全球最大的搜索引擎公司。谷歌公司的业务包括互联网搜索、云计算、广告技术等，同时开发并提供大量基于互联网的产品与服务。1999 年下半年，谷歌网站"Google"正式启用。2010 年 3 月 23 日，谷歌宣布关闭在中国大陆市场的搜索服务。

2. 学术型搜索引擎

（1）百度学术（http://xueshu.baidu.com）。百度学术于 2014 年 6 月上线，是百度旗下的免费学术资源搜索平台，致力于将资源检索技术和大数据挖掘分析能力贡献于学术研究，优化学术资源生态，引导学术价值创新，为海内外科研工作者提供学术资源检索和科研服务体验。

百度学术收录了包括知网、维普、万方、Elsevier、Springer、Wiley、NCBI 等 120 多万个国内外学术站点，索引了超过 12 亿学术资源页面，收录了包括学术期刊、会议论文、学位论文、专利、图书等类型在内的 4 亿多篇学术文献。在此基础上，构建了包含 400 多万个中国学者主页的学者库和包含 1 万多种中外文期刊主页的期刊库。

（2）超星读秀（http://www.duxiu.com）。超星读秀学术搜索是由海量中文学术资源组成的庞大知识库系统，其以 6 亿页中文资料为基础，为读者提供深入图书内容的章节和全文检索、部分文献试读、参考咨询等多种功能。读秀学术搜索是目前全世界最完整的文献搜索及获取服务平台。其一站式检索实现了馆藏纸质图书、电子图书、学术文章等各种异构资源在同一平台的统一检索，通过优质的文献传递服务，为读者学习、研究、写论文、做课题提供全面准确的学术资料和获取知识资源的捷径。

（3）中国知网（https://www.cnki.net/）。中国知网，始建于 1999 年 6 月，是中国核工业集团资本控股有限公司控股的同方股份有限公司旗下的学术平台。中国知网（CNKI）检索是集期刊、博士论文、硕士论文、会议论文、报纸、工具书、年鉴、专利、标准、国学、海外文献资源为一体的检索共享平台。知网的首页提供文献检索、知识元检索、引文检索服务，每一类又有许多分项进行不同途径的检索。如文献检索可根据主题、关键词、篇名、全文、作者等进行检索。

（4）万方数据（https://www.wanfangdata.com.cn/index.html）。万方数据知识服务平台集成了期刊、学位论文、会议论文、科技报告、专利、视频等十余种资源类型，覆盖各研究层次，是国内一流的品质信息资源出版、增值服务平台。

（5）维普资讯中文期刊服务平台（http://qikan.cqvip.com/）。维普资讯是全球著名的中文专业信息服务网站，以及中国最大的综合性文献服务网站，同时也是中国主要的中文科技期刊论文搜索平台。维普资讯的学科范围覆盖了社会科学、自然科学、工程技术、农业科学、医药卫生、经济管理、教育科学和图书情报等。维普资讯中文期刊服务平台不仅检索入口多、辅助手段丰富，而且查全率高，有专业检索界面和简单检索界面，可以满足用户不同层次的需求。

拓展阅读

中国图书馆分类法简表（第五版）

基本部类	基本大类	简表（二级类）	
马克思主义、列宁主义、毛泽东思想、邓小平理论	A 马克思主义、列宁主义、毛泽东思想、邓小平理论	A1 马克思、恩格斯著作 A2 列宁著作 A3 斯大林著作 A4 毛泽东著作 A49 邓小平著作 A5 马克思、恩格斯、列宁、斯大林、毛泽东、邓小平著作汇编	A7 马克思、恩格斯、列宁、斯大林、毛泽东、邓小平生平和传记 A8 马克思主义、列宁主义、毛泽东思想、邓小平理论的学习和研究
哲学	B 哲学、宗教	B0 哲学理论 B1 世界哲学 B2 中国哲学 B3 亚洲哲学 B4 非洲哲学 B5 欧洲哲学 B6 大洋洲哲学	B7 美洲哲学 B80 思维科学 B81 逻辑学（伦理学） B82 伦理学（道德哲学） B83 美学 B84 心理学 B9 宗教
社会科学	C 社会科学总论	C0 社会科学理论与方法论 C1 社会科学概况、现状、进展 C2 社会科学机构、团体、会议 C3 社会科学研究方法 C4 社会科学教育与普及 C5 社会科学丛书、文集、连续性出版物 C6 社会科学参考工具书 C7 社会科学文献检索工具书 C79 非书资料、视听资料	C8 统计学 C91 社会学 C92 人口学 C93 管理学 C94 系统科学 C95 民族学、文化人类学 C96 人才学 C97 劳动科学
	D 政治、法律	D0 政治学、政治理论 D1 国际共产主义运动 D2 中国共产党 D33/37 各国共产党 D4 工人、农民、青年、妇女运动与组织 D5 世界政治	D6 中国政治 D73/77 各国政治 D8 外交、国际关系 D9 法律
	E 军事	E0 军事理论 E1 世界军事 E2 中国军事 E3/7 各国军事	E8 战略学、战役学、战术学 E9 军事技术 E99 军事地形学、军事地理学

续表

基本部类	基本大类	简表（二级类）	
社会科学	F 经济	F0 经济学 F1 世界各国经济概况、经济史、经济地理 F2 经济管理 F3 农业经济 F4 工业经济	F49 信息产业经济 F5 交通运输经济 F59 旅游经济 F6 邮电通信经济 F7 贸易经济 F8 财政、金融
	G 文化、科学、教育、体育	G0 文化理论 G1 世界各国文化与文化事业 G2 信息与知识传播	G3 科学、科学研究 G4 教育 G5 体育
	H 语言、文字	H0 语言学 H1 汉语 H2 中国少数民族语言 H3 常用外国语 H4 汉藏语系 H5 阿尔泰语系（突厥－蒙古－通古斯语系） H61 南亚语系（澳斯特罗－亚细亚语系） H62 南印语系（达罗毗荼语系、德拉维达语系） H63 南岛语系（马来亚－波利尼西亚语系） H64 东北亚诸语言	H65 高加索语系（伊比利亚－高加索语系） H66 乌拉尔语系（芬兰－乌戈尔语系） H67 闪－含语系（阿非罗－亚细亚语系） H7 印欧语系 H81 非洲诸语言 H83 美洲诸语言 H84 大洋洲诸语言 H9 国际辅助语
	I 文学	I0 文学理论 I1 世界文学	I2 中国文学 I3/7 各国文学
	J 艺术	J0 艺术理论 J1 世界各国艺术概况 J19 专题艺术与现代边缘艺术 J2 绘画 J29 书法、篆刻 J3 雕塑 J4 摄影艺术	J5 工艺美术 J59 建筑艺术 J6 音乐 J7 舞蹈 J8 戏剧、曲艺、杂技艺术 J9 电影、电视艺术
	K 历史、地理	K0 史学理论 K1 世界史 K2 中国史 K3 亚洲史 K4 非洲史 K5 欧洲史	K6 大洋洲史 K7 美洲史 K81 传记 K85 文物考古 K89 风俗习惯 K9 地理
自然科学	N 自然科学总论	N0 自然科学理论与方法论 N1 自然科学概况、现状、进展 N2 自然科学机关、团体、会议 N3 自然科学研究方法 N4 自然科学教育与普及 N5 自然科学丛书、文集、连续性出版物 N6 自然科学参考工具书	N7 自然科学文献检索工具 N79 非书资料、视听资料 N8 自然科学调查、考察 N91 自然研究、自然历史 N93 非线性科学 N94 系统科学 N99 情报学、情报工作

续表

基本部类	基本大类	简表（二级类）	
自然科学	O 数理科学和化学	O1 数学 O3 力学 O4 物理学	O6 化学 O7 晶体学
	P 天文学、地球科学	P1 天文学 P2 测绘学 P3 地球物理学 P4 大气科学（气象学）	P5 地质学 P7 海洋学 P9 自然地理学
	Q 生物科学	Q1 普通生物学 Q2 细胞生物学 Q3 遗传学 Q4 生理学 Q5 生物化学 Q6 生物物理学 Q7 分子生物学 Q81 生物工程学（生物技术）	Q89 环境生物学 Q91 古生物学 Q93 微生物学 Q94 植物学 Q95 动物学 Q96 昆虫学 Q98 人类学
	R 医药、卫生	R1 预防医学、卫生学 R2 中国医学 R3 基础医学 R4 临床医学 R5 内科学 R6 外科学 R71 妇产科学 R72 儿科学 R73 肿瘤学	R74 神经病学与精神病学 R75 皮肤病学与性病学 R76 耳鼻咽喉科学 R77 眼科学 R78 口腔科学 R79 外国民族医学 R8 特种医学 R9 药学
	S 农业科学	S1 农业基础科学 S2 农业工程 S3 农学（农艺学） S4 植物保护 S5 农作物	S6 园艺 S7 林业 S8 畜牧、动物医学、狩猎、蚕、蜂 S9 水产、渔业
	T 工业技术	TB 一般工业技术 TD 矿业工程 TE 石油、天然气工业 TF 冶金工业 TG 金属学与金属工艺 TH 机械、仪表工业 TJ 武器工业 TK 能源与动力工程	TL 原子能技术 TM 电工技术 TN 电子技术、通信技术 TP 自动化技术、计算机技术 TQ 化学工业 TS 轻工业、手工业、生活服务业 TU 建筑科学 TV 水利工程
	U 交通运输	U1 综合运输 U2 铁路运输 U4 公路运输	U6 水路运输 U8 航空运输
	V 航空、航天	V1 航空、航天技术的研究与探索 V2 航空	V4 航天（宇宙航行） V7 航空、航天医学

续表

基本部类	基本大类	简表（二级类）	
自然科学	X 环境科学、劳动保护科学（安全科学）	X1 环境科学基础理论 X2 社会与环境 X3 环境保护管理 X4 灾害及其防治	X5 环境污染及其防治 X7 行业污染、废物处理与综合利用 X8 环境质量评价与环境监测 X9 安全科学
综合性图书	Z 综合性图书	Z1 丛书 Z2 百科全书、类书 Z3 辞典 Z4 论文集、全集、选集、杂著	Z5 年鉴、年刊 Z6 期刊、连续性出版物 Z8 图书报刊目录、文摘、索引

◆ 本章小结

　　本章主要介绍了信息检索的概念、基本原理、类型、语言、途径、方法、步骤，搜索引擎的概念、分类，常用搜索引擎等内容，对信息检索的基础理论知识进行了概要介绍。通过本章的学习，应具备基本的信息检索能力，能选用适合的搜索引擎，检索需要的信息内容。

◆ 思考与练习

一、填空题

　　1. 信息检索根据不同的检索对象可以分为_____检索、_____检索、_____检索、_____检索、_____检索、_____检索与_____检索等。

　　2. 信息检索途径主要分为_____检索途径和_____检索途径两类。

　　3. 著者途径是基于_____文献的检索途径。

　　4. 分类途径是基于_____文献的检索途径。

　　5. 根据检索信息的时间顺序，直接法可分为_____、_____和_____。

二、简答题

　　1. 简述信息存储和检索的过程。

　　2. 信息检索语言的作用是什么？

　　3. 简述信息检索的步骤。

　　4. 简述搜索引擎的分类。

　　5. 运用中国知网 CNKI 期刊全文数据库，列出与自己学科专业有关或准备投稿的三种中文核心期刊名称及基本信息。

第3章
物联网技术

 **学习目标**

知识目标：

了解物联网的定义、特点，我国物联网的发展方向；熟悉物联网体系架构；掌握物联网在教育领域、智能家居领域、智慧交通领域、智慧医疗领域的应用。

能力目标：

能列举物联网技术在日常生活和工作中的应用。

素养目标：

培养搜集信息、整理信息、发现问题、分析问题和解决问题的能力。

案例导入

比尔·盖茨的科技豪宅"未来屋"

这所被称为"未来屋"的神秘科技之宅，从本质上来说其实就是智能家居。"未来屋"展示了人类未来智能生活场景，包括厨房、客厅、家庭办公、娱乐室、卧室等一应俱全。室内的触摸板能够自动调节整个房间的光亮、背景音乐、室内温度等，就连地板和车道的温度也都是由计算机自动控制，此外房屋内部的所有家电都通过无线网络连接，同时配备了先进的声控及指纹技术，进门不用钥匙，留言不用纸笔，墙上有耳，随时待命。尽管盖茨之家自建造至今已经有相当长的一段时间，从目前来看，其所构建的智能家居系统与理念还是具有一定的引领性。

案例导入：比尔·盖茨的"未来屋"

访客从一进门开始，就会领到一个内建微芯片的胸针，通过它可以自动设定客人的偏好，如温度、灯光、音乐、画作、电视节目、电影爱好等。整个建筑根据不同的功能分为12个区，各区通道都设有"机关"，来访者通过时，特制胸针中设置的客人信息，会被作为来访资料存储到电脑中，地板中的传感器能在15 cm范围内跟踪人的足迹，当感应到有客人来到时自动打开系统，客人离去时自动关闭系统。无论客人走到哪里，电脑都会根

据接收到的客人数据满足，甚至预见客人的需求，将环境调整到宾至如归的境地。当你踏入一个房间，藏在壁纸后方的扬声器就会响起你喜爱的旋律，墙壁上则投射出你熟悉的画作；此外你也可以使用一个随身携带的触控板，随时调整感觉。甚至当你在游泳池戏水时，水下都会传来悦耳的音乐。

科技赋予这所房子严谨的安全屏障，入口安装先进的微型摄像机，除主人外，其他人进入会通过摄像机系统通知主人，由主人向电脑下达命令，开启大门，发送胸针，方可进入。除了更好地服务访客的功效，胸针还扮演了安全屏障中的重要角色，来访者如果没有胸针，就会被系统确认为入侵者，电脑就会通过网络进行报警。

此外，当一套安全系统出现故障时，另一套备用系统就会自动启动，只要主人需要，按下"休息"按钮，设置在房子四周的智能报警系统便开始工作。如果需要，那些隐藏在暗处的摄像机甚至可以做到无死角拍摄。对火灾同样不必担心，住宅的消防系统要通过通信系统自动对外报警，并显示较佳的营救方案，切断有危险的电力系统，并根据火势分配供水。

随着社会经济水平的发展，人们日益追求个性化、自动化，快节奏，充满乐趣的生活方式，生活家居的人性化、智能化不再是富豪巨头的专属。智能电子技术、计算机网络与通信技术的应用，正在给人们的家居生活带来全新的感受，家居智能化已经成为一种趋势。

案例来源：杭州晶控官方微信

物联网是新一代信息技术重要组成部分，也是信息化时代的重要发展阶段。物联网通过智能感知、识别技术与普适计算等通信感知技术，广泛应用于网络的融合中，也因此被称为继计算机、互联网之后世界信息产业发展的又一次浪潮。

物联网（Internet of Things，IoT）概念最早于 1999 年由美国马萨诸塞理工学院提出。物联网，是互联网的外延。互联网是通过电脑、移动终端等设备将人联网所形成的一种全新的人际连接方式。而物联网则是在互联网的基础上，将其用户端延伸和扩展到物与物、物与人，所有物品通过传感器、芯片及无线模组使物体联网，并进行信息互换与通信。

3.1 初识物联网

"物联网"被称为继计算机和互联网之后的第三次信息技术革命。物联网的发展也依赖于一些重要领域的动态技术革新，包括射频识别（RFID）技术、无线传感器技术、纳米技术等。所有这些技术融合到一起，形成了物联网。

微课：初识物联网

3.1.1　漫画物联网

什么是物联网？我们通过一张漫画来了解物联网，如图 3-1 所示。

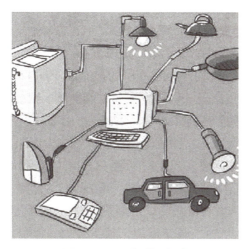

图 3-1　漫画物联网概念

1. 什么是物联网

从任何时间、任何地点连接任何人，发展到连接任何物体，万物的连接就形成了物联网。

2. "物"之间如何沟通

如漫画中的电冰箱、电灯、电熨斗、汽车等现实世界中的很多"物"都将会通过网络互相连接，由计算机进行自动控制，按照人所设计的逻辑使很多工作自动化、智能化。

3. 物联网的作用

每分每秒，无数的"物"（如汽车、灯光、电话、洗衣机、人）在互相交换数据，计算机开展大数据分析，为人类的生活提供决策。

4. 物联网的存在带来了什么问题

以一款新研发的医疗点滴装置来说，该装置联网后，医疗人员从远程就能用计算机调整用药，一旦被黑客入侵，黑客就能控制点滴释放大量药剂，来危害病患（图 3-2）。

图 3-2　物联网存在带来的问题（图片来自电子发烧友）

云端运算及联网家电等物联网应用日渐普及，黑客手法多变，使全球物联网安全备受挑战。比起计算机，物联网装置接触到更多的个人隐私，甚至涉及人身安全与国家安全，这些装置衍生的安全问题必须受到正视。

3.1.2 物联网的定义

物联网指的是将无处不在（Ubiquitous）的末端设备（Devices）和设施（Facilities），包括具备"内在智能"的传感器、移动终端、工业系统、数控系统、家庭智能设施、视频监控系统等和"外在使能"（Enabled）的，如贴上 RFID 的各种资产（Assets）、携带无线终端的个人与车辆等"智能化物件或动物"或"智能尘埃"（Mote），通过各种无线或有线的长距离或短距离通信网络实现互联互通（M2M）、应用大集成（Grand Integration）及基于云计算的 SaaS 营运等模式，在内网（Intranet）、专网（Extranet）和 / 或互联网（Internet）环境下，采用适当的信息安全保障机制，提供安全可控乃至个性化的实时在线监测、定位追溯、报警联动、调度指挥、预案管理、远程控制、安全防范、远程维保、在线升级、统计报表、决策支持、领导桌面（集中展示的 Cockpit Dashboard）等管理和服务功能，实现对"万物"的"高效、节能、安全、环保"的"管、控、营"一体化。

3.1.3 物联网的特点

物联网是各种感知技术的广泛应用。物联网上部署了海量的多种类型传感器，每个传感器都是一个信息源，不同类别的传感器所捕获的信息内容和信息格式不同。传感器获得的数据具有实时性，按一定的频率周期性地采集环境信息，不断更新数据。

物联网的特点如下。

1. 全面感知

利用 RFID、传感器、定位器和二维码等手段随时随地对物体进行信息采集和获取。感知的项目囊括了 PC、手机、智能卡、传感器、仪器仪表、摄像头、轮胎、牙刷、手表、工业原材料、工业中间产品、压力、温度、湿度、体积、质量、密度等。

2. 可靠传递

通过各种电信网络和因特网融合，对接收到的感知信息进行实时远程传送，实现信息的交互和共享，并进行各种有效的处理。网络的随时、随地可获得性大为增强，接入网络的关于人的信息系统互联互通性也更高，并且人与物、物与物的信息系统也达到了广泛的互联互通，信息共享和相互操作性达到更高水平。

3. 智能处理

利用云计算、模糊识别等各种智能计算技术，对随时接收到的跨地域、跨行业、跨部门的海量数据和信息进行分析处理，提升对物理世界、经济社会各种活动和变化的洞察力，实现智能化的决策和控制，提高人类的工作效率，改善工作流程，以获取更加新颖、系统全面的观点和方法来看待和解决特定问题。

3.2　物联网体系架构

物联网是在互联网和移动通信网等网络通信基础上，针对不同领域的需求，利用具有感知、通信和计算的智能物体自动获取现实世界的信息，将这些对象互联，实现全面感知、可靠传输、智能处理，构建人与物、物与物互联的智能信息服务系统。物联网架构有物联网网络架构、物联网技术体系、物联网标准化体系等几个方面。

3.2.1　物联网网络架构

物联网网络架构由感知层、网络层和应用层组成，如图 3-3 所示。

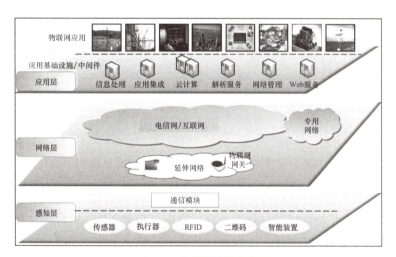

图 3-3　物联网网络架构

感知层实现对物理世界的智能感知识别、信息采集处理和自动控制，并通过通信模块将物理实体连接到网络层和应用层，是物联网的基础，主要包括传感器、执行器、RFID、二维码、通信模块等。

网络层主要实现信息的传递、路由和控制，包括延伸网、接入网和核心网，网络层可依托公众电信网和互联网，也可以依托行业专用通信网络。

应用层包括应用基础设施 / 中间件和各种物联网应用。应用基础设施 / 中间件为物联网应用提供信息处理、计算等通用基础服务设施、能力及资源调用接口，以此为基础实现物联网在众多领域的各种应用，包括信息处理、应用集成、云计算、解析服务、网络管

理、web 服务等。物联网发展的根本目标是提供丰富的应用，包括公众服务、行业服务、个人家庭服务。

3.2.2 物联网技术体系

物联网涉及感知、控制、网络通信、微电子、计算机、软件、嵌入式系统、微机电等技术领域，因此物联网涵盖的关键技术也非常多，为了系统分析物联网技术体系，可将物联网技术体系划分为感知关键技术、网络通信关键技术、应用关键技术、共性技术和支撑技术，如图 3-4 所示。

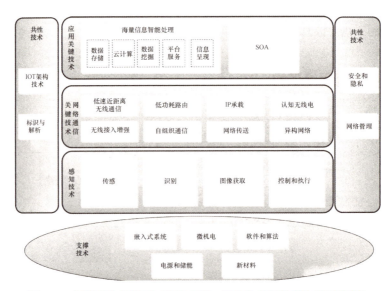

图 3-4 物联网技术体系（图片来源：工业和信息化部电信研究院）

1. 感知关键技术

传感和识别技术是物联网感知物理世界获取信息和实现物体控制的首要环节。传感器将物理世界中的物理量、化学量、生物量转化成可供处理的数字信号。识别技术实现对物联网中物体标识和位置信息的获取。

2. 网络通信关键技术

网络通信关键技术主要实现物联网数据信息和控制信息的双向传递、路由和控制，重点包括低速近距离无线通信技术、低功耗路由、自组织通信、无线接入 M2M 通信增强、IP 承载技术、网络传送技术、异构网络融合接入技术、认知无线电技术。

3. 应用关键技术

海量信息智能处理综合运用高性能计算、人工智能、数据库和模糊计算等技术，对收集的感知数据进行通用处理，重点涉及数据存储、并行计算、数据挖掘、平台服务、信息呈现等。

面向服务的体系架构（Service-oriented Architecture，SOA）是一种松耦合的软件组件技术，它将应用程序的不同功能模块化，并通过标准化的接口和调用方式联系起来，实现快速可重用的系统开发和部署。SOA 可提高物联网架构的扩展性，提升应用开发效率，充分整合和复用信息资源。

4. 支撑技术

物联网支撑技术包括嵌入式系统、微机电系统、软件和算法、电源和储能、新材料技术等。

5. 共性技术

物联网共性技术涉及网络的不同层面，主要包括架构技术、标识和解析、安全和隐私、网络管理技术等。

3.3 物联网的应用领域

万物互联成网，能带来哪些奇妙的变化？车联网能让你的爱车更懂你的想法，智慧景区能让你的旅行更舒心自在，智慧港口、智慧小区、智慧水利等物联网应用，正给我们生活带来无限惊喜。而随着 5G 时代的来临，物联网产业将迎来更快速的发展。物联网技术，正在为我们开启万物互联奇妙天地！

物联网应用涉及国民经济和人类社会生活的方方面面，物联网具有实时性和交互性的特点，因此，物联网的应用领域主要有城市管理（智能交通、智能建筑、文物保护和数字博物馆、古迹、古树实时监测、数字图书馆和数字档案馆）、数字家庭、定位导航、现代物流管理、食品安全控制、零售、数字医疗、防入侵系统等，如图 3-5 所示。

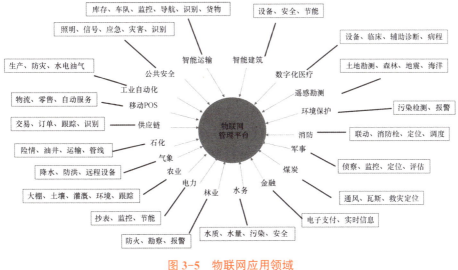

图 3-5　物联网应用领域

3.3.1　物联网在教育领域的应用

物联网在教育领域的出现将有助于开发能够提高教学质量的创新应用。

1. 教育管理

物联网在教育管理中可用于人员考勤、图书管理、设备管理等方面。比如带有 RFID 标签的学生证可以监控学生进出各个教学设施的情况，以及行动路线。又比如将 RFID 用于图书管理，通过 RFID 标签可方便地找到图书，并可以在借阅图书的时候方便获取图书信息而不用把书一本一本拿出来扫描。将物联网技术用于实验设备管理可以方便跟踪设备的位置和使用状态。

2. 智慧校园

利用物联网可以实现智能化教学环境，控制物联网还可用于校内交通管理、车辆管理、校园安全、智能建筑、学生生活服务等领域。例如，在教室里安装光线传感器和控制器，根据光线强度和学生的位置，调整教室内的光照度。控制器也可以和投影仪和窗帘导轨等设备整合，根据投影工作状态决定是否关上窗帘，降低灯光亮度。

3. 信息化教学

利用物联网建立智能学习环境。可以利用智能标签识别需要学习的对象，并且根据学生的学习行为记录，调整学习内容。这是对传统课堂和虚拟实验的拓展，在空间上和交互环节上，通过实地考察和实践，增强学生的体验。例如，生物课的实践性教学中需要学生识别校园内的各种植物，可以为每类植物粘贴带有二维码的标签，学生在室外寻找到这些植物后，除了可以知道植物的名字，还可以用手机识别二维码，从教学平台上获得相关的扩展内容。

3.3.2　物联网在智能家居领域的应用

1. 智能家居

出门忘记带钥匙，不确定到底有没有锁门？不想半夜起床摸黑开灯？突遇降雨忘记关家里窗户？相信不少人都有过类似的困扰，而智能家居正是为了解决所有不便而生。

智能家居利用先进的计算机、网络通信、自动控制等技术，将与家庭生活有关的各种应用有机地结合在一起，通过综合管理，让家庭生活更舒适、安全、有效和节能。智能家居不仅具有传统的居住功能，还能提供舒适安全、高效节能、具有高度人性化的生活空间；将被动静止的家居设备转变为具有"智慧"的工具，提供全方位的信息交换功能，帮助家庭与外部保持信息交流畅通，优化人们的生活方式，帮助人们有效地安排时间，增强家庭生活的安全性，并为家庭节省能源费用。

智能门锁可自主设置指纹、密码、刷卡、钥匙、手机远程开锁，开锁后智能安防自动撤防、联动智能灯光亮起、音乐系统播放欢迎音乐、窗帘慢慢打开，推开门后不再面对漆黑的环境，同时会收到开锁提示。指纹开锁会根据回家者的不同身份、不同时间段，记录详细开锁信息，当出现非法入侵时手机 App 会及时收到提示信息（图 3-6）。

（a）　　　　　　　　　　　　　　　　　（b）

图 3-6　智能家居

（a）智能门禁；（b）智能家居 App 控制

智能家居让传统的家电设备告别孤岛式功能，通过收集室内环境、空气质量指数，及时调整新风系统的工作模式，开启中央空调或者地暖等家居系统；定期监测冰箱内食品的保质期，提示过期信息，同时还能自动生成菜谱、帮助用户制订购物计划的智能冰箱；根据室内光线的明暗自动调节灯光模式。

智能家居系统的情景模式功能，按照生活中的不同情景，满足个性定制化的功能需求，用智能让生活更轻松便捷。离家模式，所有开启的灯光和背景音乐自动关闭，风扇和空调等家用电器立即关闭，窗帘自动缓缓关闭，同时联动开启安防功能，让你离家无忧。回家模式，安防功能也一并联动解除。客厅背景音乐渐渐响起、客厅电动窗帘自动打开，电视自动打开播放，若室内照度低，客厅和餐厅主灯自动开启。无论沐浴、做饭、用餐、阅读时都可以享受背景音乐带来的轻松快乐，根据不同的场景可以设置不同音乐，各个房间互不干扰。

室内生活环境中湿度过大，会造成家具受潮、墙壁发霉，滋生细菌，对人体的健康造成危害，如湿疹、风湿性关节炎等。在长江中下游地区的梅雨季节，这种现象尤为严重。而室内环境过于干燥，会造成地板、墙壁开裂，人体皮肤干燥、咽痛等。实验测定，最宜人的室内温湿度冬天温度为 18 ℃～ 25 ℃，湿度为 30%～ 80%；夏天温度为 23 ℃～ 28 ℃，湿度为 30%～ 60%。智能家居系统可以根据预设好的人体最舒适的温湿度，智能判断是否需要自动开启中央空调、加湿器等设备。

舒适、健康的居住环境有利于家人身体健康，同时提升生活品质。

2. 物联网在智能家居中的应用场景

智能家居设计方案很多，不同的方案设置有不同的模式。下面介绍其中一种比较常见的方案。该方案设有"回家模式""离家模式""备餐模式""烛光晚餐""会客模式""观影模式""洗浴模式""睡前阅读模式""夜起如厕模式""起床模式"。每一种模式下智能家电具有不同的工作状态。

3.3.3　物联网在智慧交通领域的应用

交通被认为是物联网所有应用场景中最有前景的应用领域之一。随着城市化的发展，交通问题越来越严重，而传统的解决方案已无法满足新的交通问题，因此智能交通应运而生。智能交通指的是将先进的信息技术、数据传输技术、计算机处理技术等有效地集成到交通运输管理体系中，使人、车和路能够紧密配合，改善交通运输环境，来提高资源利用率。

我们根据实际的行业应用情况，总结了物联网在智慧交通领域的八大应用场景（图3-7）。

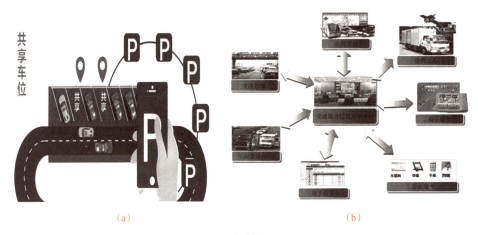

（a）　　　　　　　　　　　　　　　　（b）

图 3-7　智慧交通

（a）共享车位；（b）交通综合信息共享平台

1. 智能公交车

智能公交通过 RFID、传感等技术，实时了解公交车的位置，实现弯道及路线提醒等功能。同时能结合公交的运行特点，通过智能调度系统，对线路、车辆进行规划调度，实现智能排班。

2. 共享自行车

共享自行车是通过配有 GPS 或 NB-IoT 模块的智能锁，将数据上传到共享服务平台，实现车辆精准定位、实时掌控车辆运行状态等。

3. 车联网

利用先进的传感器、RFID、摄像头等设备，采集车辆周围的环境及车自身的信息，将数据传输至车载系统，实时监控车辆运行状态，包括油耗、车速等。

4. 充电桩

运用传感器采集充电桩电量、状态监测、充电桩位置等信息，将采集到的数据实时传输到云平台，通过 App 与云平台进行连接，实现统一管理等功能。

5. 智能红绿灯

通过安装在路口的雷达装置，实时监测路口的行车数量、车距、车速，同时监测行人的数量和外界天气状况，动态地调控交通灯的信号，提高路口车辆通行率，减少交通信号灯的空放时间，最终提高道路的承载力。

6. 汽车电子标识

汽车电子标识，又叫作电子车牌，通过 RFID 技术，自动地、非接触地完成车辆的识别与监控，将采集到的信息与交管系统连接，实现车辆的监管，解决交通肇事、逃逸等问题。

7. 智慧停车

在城市交通出行领域，由于停车资源有限，停车效率低下等问题，智慧停车应运而生。智慧停车以停车位资源为基础，通过安装地磁感应、摄像头等装置，实现车牌识别、车位的查找与预定，以及使用 App 自动支付等功能。

8. 高速无感收费

通过摄像头识别车牌信息，将车牌绑定至微信或者支付宝，根据行驶的里程，自动通过微信或者支付宝收取费用，实现无感收费，提高通行效率，缩短车辆等候时间。

以物联网、大数据、人工智能等为代表的新技术能有效地解决交通拥堵、停车资源有限、红绿灯变化不合理等问题，最终使得智能交通得以实现。

3.3.4　物联网在智慧医疗领域的应用

物联网技术在医疗领域的应用潜力巨大，能够帮助医院实现对人的智慧化医疗和对物的智慧化管理工作，能够满足医疗健康信息、医疗设备与用品、公共卫生安全的智能化管理与监控等方面的需求，从而解决医疗平台支撑薄弱、医疗服务水平整体较低、医疗安全生产隐患等问题。

物联网技术在医疗行业中有多方面的用途（图 3-8），其基本内容包括以下五个方面。

（a）　　　　　　　　　　　　　　　　　　（b）

图 3-8　智慧医疗

（a）智慧医疗示意图；（b）药品智能化管理

1. 人员管理智能化

实现对患者的监护跟踪安全系统，患者流动管理、出入控制与安全；婴儿安全管理系统、医护人员管理系统。加强出入婴儿室和产妇病房人士的管理，对母亲与护理人员身份的确认，在偷抱或误抱时及时发出报警，同时可对新生婴儿身体状况信息进行记录和查询，确认掌握新生婴儿安全。

2. 医疗过程智能化

依靠物联网技术通信和应用平台，实现包括实时付费、网上诊断、网上病理切片分析、设备的互通等，以及挂号、诊疗、查验、住院、手术、护理、出院、结算等智能服务。

3. 供应链管理智能化

药品、耗材、器械设备等医疗相关产品在供应、分拣、配送等各个环节的供应链管理系统。依靠物联网技术，实现对医院资产、血液、医院消毒物品等的管理。产品物流过程涉及很多企业的不同信息，企业需要掌握货物的具体地点等信息，从而做出及时反应。在药品生产上，通过物联网技术实施对生产流程、市场的流动，患者用药的全方位检测。依靠物联网技术，可实现对药品的智能化管理。

4. 医疗废弃物管理智能化

医疗废弃物管理可追溯化，用户可以通过界面采集数据、提炼数据、获得管理功能，并进行分析、统计、报表，以做出管理决策，这也为企业提供了一个数据输入、导入、上载的平台。

5. 健康管理智能化

实行家庭安全监护，实时得到患者的全面医疗信息。而远程医疗和自助医疗，信息及时采集和高度共享，可缓解资源短缺、资源分配不均。

3.4　我国物联网的发展方向

物联网在国民经济和社会生活的各方面都有巨大的发展潜力。近年来，我国物联网产业也呈现蓬勃生机。我国物联网发展大致有以下几个方向。

（1）加速掌握物联网产业生态核心环节，利用垂直一体化模式打造产业生态体系。物联网平台成为产业生态构建的核心关键环节，掌握物联网平台就掌握了物联网生态的主动权。垂直一体化布局成为打造产业生态的重要模式。虽然物联网平台的重要性日益凸显，但物联网中企业众多，平台阵营林立，使得仅依靠平台难以打造完善的产业生态。通过"云—端—网"的多要素垂直一体化布局，覆盖产业的各环节，为用户提供整体方案，更有利于生态的打造。在布局方式上，一是单个企业利用自身优势，在不同环节同时布局，协同推进，如华为技术有限公司推出的"1+2+1"物联网战略；二是通过产业链上下游企业之间的合作进行一体化布局，如 Jasper 平台与电信运营商之间开展的合作；三是通过参与全球开源生态，将自身产品与开源操作系统、开源网络协议进行结合，实现一体化布局。

（2）持续推动物联网与行业发展的深度融合和规模应用。在智能制造方面，利用 RFID、传感器等技术，建设信息物理系统和工业互联网；在智能交通和车联网方面，加快车联网示范区建设，开展智能交通、自动驾驶、汽车电子标识等应用示范和推广；在健康服务方面，建立临床数据应用中心，开展智能可穿戴设备远程健康管理、老人看护等应用；在节能环保方面，运用物联网提升能源管理智能化水平，开展污染源监控和生态环境监测。引导骨干企业发挥引领作用，加快制定关键技术标准，带动技术、产品、解决方案不断成熟，成本不断下降，应用快速推广。

（3）依托市场和技术创新优势，推动产业链上下游联动发展。加强上下游协同，扩大生态影响力。一是与硬件企业合作，规范硬件驱动程序接口和 API 接口；二是加强与应用开发者合作，不断将算法和代码结合特定场景进行优化；三是加强与平台运营企业合作，配合平台侧实现状态查询、传感器管理、故障诊断与远程恢复等功能。

（4）加快构建本土物联网传感及芯片产业体系，持续增强产业综合竞争力。设计方面重点攻关模拟仿真、EDA 工具、软件算法、MEMS 与 IC 联合设计等核心技术；制造方面，突破核心硅基 MEMS 加工、与 IC 集成等技术，提升工艺一致性水平，探索柔性制造模式；封测方面，推动器件级、晶圆级封装和系统级测试技术，鼓励企业研发个性、大规模、高可靠性测试设备；此外，鼓励企业布局面向未来发展的新型传感器制造、集成、智能化等技术，逐步构建高水准的技术创新体系。

拓展阅读

"物联网＋农业"让智慧农耕"可感可知"

传统的农业生产方式存在信息不对称、效率低下等问题，导致农民收益不稳定，农产品安全难以保障。但是随着物联网技术的发展，"物联网＋农业"模式逐渐成为农户新的选择。通过技术手段，农民可实现精准农耕、可视化农事管理、智能决策等，从而提高农业生产效益，保证粮食安全。

1. "物联网＋农业"带来的优势

农业物联网是通过实时显示各种仪表或作为自动控制参数参与自动控制的物联网，可以为温室的精准调控提供科学依据，以达到增产、提质、调整生长周期、提高经济效益的目的。那么在具体的应用中，物联网和农业二者的组合将产生哪些优势呢？

首先是可以进行科学栽培。农户可以通过传感器数据剖析断定土壤适合栽培的作物种类，通过气候环境传感器能够实时收集作物成长环境数据。

其次是可以做到精准操控。经过布置的各种传感器，相关体系就能依照作物成长的需求对栽培基地的温湿度、二氧化碳浓度、光照强度等进行调控。

再次是进步功率，物联网农业栽培方法完成了种植体系主动化、智能化和长途化，

比手工栽培模式更精准、更高效。

最后物联网农业可经过各种监控传感器和网络体系将一切监控数据保存，便于农商品的追根溯源，完成农业从生产到出产全流程的绿色无公害化。

2. 中国电信为农耕插上科技翅膀

2023年中央一号文件提出，到"十四五"末期创建500个左右的农业现代化示范区。作为运营商的中国电信，积极履行央企职责，充分发挥了云网融合和物联网、大数据等数字化能力优势，坚持数字赋能乡村振兴，积极探索智慧农业创新应用，加快推进现代信息技术在农业农村各领域、各环节深度融合应用。

以往，种田更多是靠经验，而现在靠的是科技。中国电信在德阳市新中镇桂花村建设5G基站，架设高品质5G农业专网，凭借高带宽、低延时、大连接的5G物联网技术特性，使"无人"农场成为可能。

数字技术让"会种田"转变为"慧种田"。运用5G物联网技术，成都市大邑县祥和村稻乡渔歌现代农业产业园实现从生产到加工、销售的全产业链数字化追溯，让数字全程参与农耕过程，打造数字林盘发展新模式，为农业的"智"变打通"信息发展的高速路"。

水肥一体化智能灌溉采用高精度环境信息采集设备、远程自动控制灌溉设备及视频监控设备，在云平台实现了农业生产的智能化、自动化。"中国电信是我们的好朋友，农业技术员一样的朋友！"新疆盛世华强农业科技有限公司技术人员图尔苏江称赞道，在新疆的春耕备耕中，中国电信新疆公司的物联网、5G通信等数字技术大显身手，提高耕种效率，让新疆当地农民从会种地到"慧"种地。

3. 农业物联网仍有较大发展空间

加快物联网在农业生产领域的深度应用是大势所趋。农业强国是中国实现社会主义现代化强国的根基，农业科技创新是重要任务之一。面对中国农业发展存在的降本增效、食品安全、改善流通、环境保护等挑战，依托物联网等信息技术，对农业生产经营全过程进行实时感知监测、可靠传输及智能分析处理，以实现精细化管控。

不过，我国农业物联网发展尚处于初级探索阶段，物联网技术的推广和应用在深度和广度上还有巨大空间，因此还需农业相关政府部门、电信运营商等加强合作，筑牢农业数字发展底座，让广大农业经营者增强物联网技术应用意识。

资料来源：https://baijiahao.baidu.com/s?id=1764112386382909234&wfr=spider&for=pc

▶ 本章小结

本章从物联网的定义、特点，物联网网络架构，物联网技术体系，物联网的应用领域，我国物联网的发展方向几个方面概要介绍了物联网技术的理论基础知识。本章的学习旨在对物联网有基础的认知，能对物联网在工作和生活中的应用有所了解。

◆ 思考与练习

一、填空题

1.物联网网络架构由_____、_____和_____组成。

2._____实现对物理世界的智能感知识别、信息采集处理和自动控制，并通过通信模块将物理实体连接到网络层和应用层。

3._____主要实现信息的传递、路由和控制，可依托公众电信网和互联网，也可以依托行业专用通信网络。

4.物联网技术体系可划分为_____技术、_____技术、_____技术、_____技术和_____技术。

二、简答题

1.什么是物联网？它有哪些特点？

2.简述物联网技术体系。

3.列举 4 ～ 5 个物联网技术在日常生活和工作中的应用。

第4章
大数据

 学习目标

知识目标：

了解大数据的来源、概念、定义、特征、相关数据；熟悉大数据的成长及挑战，大数据技术框架；掌握大数据与云计算、物联网、互联网之间的关系，大数据处理工具和技术发展趋势，大数据的应用。

能力目标：

能列举大数据在日常生活和工作中的应用。

素养目标：

提高实践动手能力、观察与创新思维能力。

案例导入

得数据者得天下

我们的衣食住行都与大数据有关，每天的生活都离不开大数据，每个人都被大数据裹挟着。大数据提高了我们的生活品质，为每个人提供创新平台和机会。

大数据通过数据整合分析和深度挖掘，发现规律，创造价值，进而建立起物理世界到数字世界到网络世界的无缝链接。在大数据时代，线上与线下，虚拟与现实、软件与硬件跨界融合，将重塑我们的认知和实践模式，开启一场新的产业突进与经济转型。

案例导入：得数据者得天下

国家行政学院常务副院长马建堂说，大数据其实就是海量的、非结构化的、电子形态存在的数据，是通过数据分析，能产生价值，带来商机的数据。而《大数据时代》的作者维克托•舍恩伯格这样定义大数据："大数据是人们在大规模数据的基础上可以做到的事情，而这些事情在小规模数据的基础上无法完成。"

1. 大数据是"21世纪的石油和金矿"

工业和信息化部原部长苗圩在为《大数据领导干部读本》作序时形容大数据为"21

世纪的石油和金矿"，是一个国家提升综合竞争力的又一关键资源。

"从资源的角度看，大数据是'未来的石油'；从国家治理的角度看，大数据可以提升治理效率、重构治理模式，将掀起一场国家治理革命；从经济增长的角度看，大数据是全球经济低迷环境下的产业亮点；从国家安全的角度看，大数据能成为大国之间博弈和较量的利器。"马建堂在《大数据领导干部读本》序言中这样界定大数据的战略意义。

马建堂指出，大数据可以大幅提升人类认识和改造世界的能力，正以前所未有的速度颠覆着人类探索世界的方法，焕发出变革经济社会的巨大力量。"得数据者得天下"已成为全球普遍共识。

总之，国家竞争焦点因大数据而改变，国家竞争将从资本、土地、人口、资源转向对大数据的争夺，全球竞争版图将分成数据强国和数据弱国两大新阵营。

苗圩说，数据强国主要表现为拥有数据的规模、活跃程度及解释、处置、运用的能力。数字主权将成为继边防、海防、空防之后另一大国博弈的空间。谁掌握了数据的主动权和主导权，谁就能赢得未来。新一轮的大国竞争，并不只是在硝烟弥漫的战场，更是通过大数据增强对整个世界局势的影响力和主导权。

2. 大数据可促进国家治理变革

专家们普遍认为，大数据的渗透力远超人们的想象，它正改变甚至颠覆我们所处的时代，将对经济社会发展、企业经营和政府治理等方方面面产生深远影响。

的确，大数据不仅是一场技术革命，还是一场管理革命。它提升人们的认知能力，是促进国家治理变革的基础性力量。在国家治理领域，打造阳光政府、责任政府、智慧政府都离不开大数据，大数据为解决以往的"顽疾"和"痛点"提供强大支撑；大数据还能将精准医疗、个性化教育、社会监管、舆情检测预警等以往无法实现的环节变得简单、可操作。

中国行政体制改革研究会副会长周文彰认同大数据是一场治理革命。他说："大数据将通过全息数据呈现，使政府从'主观主义''经验主义'的模糊治理方式，迈向'实事求是''数据驱动'的精准治理方式。在大数据条件下，'人在干、云在算、天在看'，数据驱动的'精准治理体系''智慧决策体系''阳光权力平台'都将逐渐成为现实。"

马建堂也说，对于决策者而言，大数据能实现整个苍穹尽收眼底，可以解决"坐井观天""一叶障目""瞎子摸象"和"城门失火，殃及池鱼"问题。另外，大数据是人类认识世界和改造世界能力的升华，它能提升人类"一叶知秋""运筹帷幄，决胜千里"的能力。

专家们认为，大数据时代开辟了政府治理现代化的新途径：大数据助力决策科学化，公共服务个性化、精准化；实现信息共享融合，推动治理结构变革从一元主导到多元合作；大数据催生社会发展和商业模式变革，加速产业融合。

3. 中国具备数据强国潜力

2015 年是中国建设制造强国和网络强国承前启后的关键之年。之后的中国，大数据将充当越来越重要的角色，中国也具备成为数据强国的优势条件。

马建堂说，近年来，党中央、国务院高度重视大数据的创新发展，准确把握大融合、大变革的发展趋势，制定发布了《中国制造 2025》和"互联网＋"行动计划，出台了《关

于促进大数据发展的行动纲要》，为我国大数据的发展指明了方向，可以看作大数据发展的顶层设计和战略部署，具有划时代的深远影响。

工信部正在构建大数据产业链，推动公共数据资源开放共享，将大数据打造成经济提质增效的新引擎（图4-1）。另外，中国是人口大国、制造业大国、互联网大国、物联网大国，这些都是最活跃的数据生产主体，中国在未来几年成为数据大国也是逻辑上的必然结果。专家指出，中国许多应用领域已与主要发达国家处于同一起跑线上，具备了厚积薄发、登高望远的条件，在新一轮国际竞争和大国博弈中具有超越的潜在优势。中国应顺应时代发展趋势，抓住大数据发展带来的契机，拥抱大数据，充分利用大数据提升国家治理能力和国际竞争力。

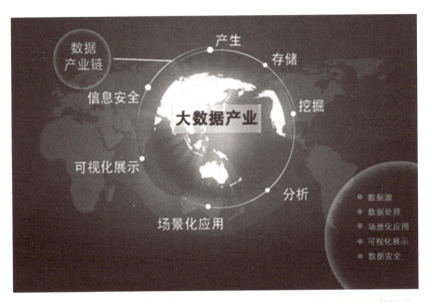

图4-1 大数据产业（图片来源：https://www.sohu.com/a/114063630_465914）

资料来源：数据科学家网

随着信息科技的不断发展，信息的获取、存储、处理和传递越来越普及、越来越快捷，产生的数据也越来越庞大、越来越重要，一个崭新的时代正悄然来临。世界正从信息时代迈向大数据时代，数据挖掘与分析等大数据技术所展现的巨大价值，正激发大众对大数据孜孜不倦的探索。

4.1 大数据概述

大数据泛指大规模、超大规模的数据集，因可从中挖掘出有价值的信息而备受关注，但利用传统方法无法对大数据进行有效分析和处理。《华尔街日报》将大数据、智能化生产和无线网络革命称为引领未来繁荣的三大技术变革。"世界经济论坛"报告指出大数据为新财富,价值堪比石油。因此,目前世界各国纷纷将开发利用大数据作为夺取新一轮竞争制高点的重要举措。

微课:大数据
是什么(上)

4.1.1 大数据是怎么来的

布拉德·皮特主演的《点球成金》是一部美国奥斯卡获奖影片,讲述的是皮特扮演的棒球队总经理利用计算机数据分析技术,对球队进行了翻天覆地的改造,使一支不起眼的小球队取得了巨大的成功,如图4-2所示。其成功的秘诀:一是基于历史数据,利用数据建模定量分析不同球员的特点,合理搭配,重新组队;二是打破传统思维,通过分析比赛数据,寻找"性价比"最高的球员。

微课:大数据
是什么(下)

图4-2 电影《点球成金》剧照

1. 数据及其价值

数据是所有能输入计算机并被计算机程序处理的符号的总称。人们通过观察现实世界中的自然现象、人类活动,都可以形成数据,如图4-3所示。

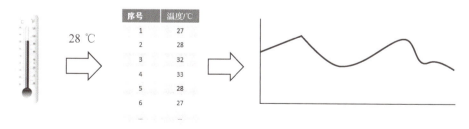

图4-3 数据的形成

如何从数据中获取价值呢？如图 4-4 所示是北京市出租车运行数据，基础数据来源于北京市交通委员会。从图 4-4 中可看出，北京出租车总量保持不变，载客率逐年上升。相比于 2007 年、2008 年，2012 年、2013 年载客率上升了 10%～20%，高峰时段载客率超过 60%。由此发现规律，进而进行预测：以前是司机苦于没活，现在是乘客在高峰时段打不到车，主管部门有必要采取调控措施。

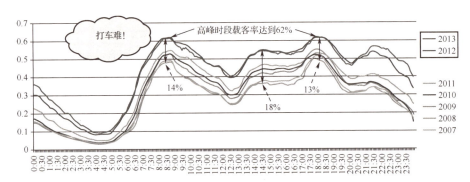

图 4-4　北京市出租车运行数据

2. 大数据概念的起源

大数据概念起源于美国，是由思科、威睿、甲骨文、IBM 等公司倡议发展起来的。当前，从 IT 技术到数据积累，都已经发生重大变化。

"大数据"的名称来自未来学家托夫勒所著的《第三次浪潮》。尽管"大数据"这个词直到最近才受到人们的高度关注，但早在 1980 年，著名未来学家托夫勒在其所著的《第三次浪潮》中就热情地将"大数据"称颂为"第三次浪潮的华彩乐章"。《自然》杂志在 2008 年 9 月推出了名为"大数据"的封面专栏。从 2009 年开始，"大数据"才成为互联网技术行业中的热门词汇。

最早应用"大数据"的是麦肯锡（McKinsey）公司对"大数据"进行收集和分析的设想，他们发现各种网络平台记录的个人海量信息具备潜在的商业价值，于是投入大量人力物力进行调研，在 2011 年 6 月发布了关于"大数据"的报告，该报告对"大数据"的影响、关键技术和应用领域等都进行了详尽的分析。该公司在《大数据：创新、竞争和生产力的下一个前沿领域》报告中称："数据，已经渗透到当今每一个行业和业务职能领域，成为重要的生产因素。人们对于海量数据的挖掘和运用，预示着新一波生产率增长和消费者盈余浪潮的到来。"麦肯锡公司的报告得到了金融界的高度重视，而后逐渐受到了各行各业的关注。

数据不再是社会生产的"副产物"，而是可被二次乃至多次加工的原料，从中可以探索更大的价值，数据变成了生产资料。大数据技术是以数据为本质的新一代革命性信息技术，在数据挖潜过程中，能够带动理念、模式、技术及应用实践的创新。

3. 大数据的来源

大数据通常是大小在 PB 或 EB 级的数据集。这些数据集有各种各样的来源，如图 4-5 所示。

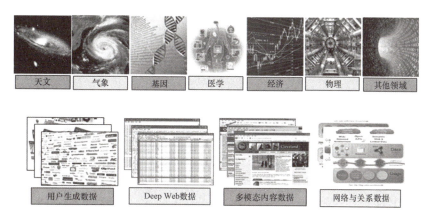

图 4-5　大数据的来源

（1）来自人类活动。人们通过社会网络、互联网、健康、金融、经济、交通等活动过程所产生的各类数据，包括微博、患者医疗记录、文字、图形、视频等信息，呈现出爆炸式增长的趋势，如图 4-6 所示。

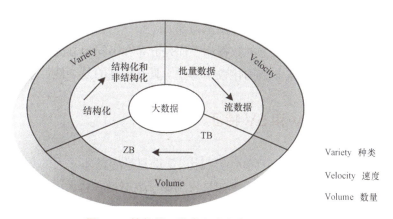

图 4-6　按数量、种类和速度来定义大数据

（2）来自计算机。各类计算机信息系统产生的数据，以文件、数据库、多媒体等形式存在，也包括审计、日志等自动生成的信息。例如，全球数据总量 2000 年为 800 TB，2010 年为 600 EB，2011 年为 1.8 ZB，2012 年为 2.7 ZB，2020 年为 60 ZB。全球每天产生大量数据，如 Twitter 为 7 TB，Facebook 为 10 TB。IDC 预计全球数据量年增 50 倍。

（3）来自物理世界。这包括各类数字设备、科学实验与观察所采集的数据，如摄像头不断产生的数字信号，医疗物联网不断产生的人的各项特征值，气象业务系统采集设备所采集的海量数据等。

4.1.2　大数据的定义

1. 定义 1

维基百科对大数据的定义简单明了：大数据是指利用常用软件工具捕获、管理和处

理数据所耗时间超过可容忍时间的数据集。也就是说，大数据是一个体量特别大、数据类别特别多的数据集，并且这样的数据集无法用传统数据库工具对其内容进行抓取、管理和处理。

2. 定义 2

Gartner 的定义（3V 定义）如下：大数据是大容量、高速度和多种类的信息资产，需要新的处理形式来实现增强的决策、洞察力发现和流程优化。

3. 定义 3

当数据的规模和性能要求成为数据管理分析系统的重要设计和决定因素时，这样的数据就被称为大数据。

该定义不是简单地以数据规模来界定大数据，而是考虑数据查询与分析的复杂程度。从目前计算机硬件的发展水平看，针对简单查询（如关键字搜索），数据量在 TB 至 PB 级时可称为大数据；针对复杂查询（如数据挖掘），数据量在 GB 至 TB 级时可称为大数据。

4. 定义 4

大数据有两个不同于传统数据集的基本特征。

（1）大数据不一定存储于固定的数据库，而是分布在不同地方的网络空间。

（2）大数据以半结构化或非结构化数据为主，具有较高的复杂性。

4.1.3　大数据的 3V 和 5V 特征

从字面来看，"大数据"这个词可能会让人觉得只是容量非常大的数据集合而已。但容量只不过是大数据特征的一个方面，如果只拘泥于数据量，就无法深入理解当前围绕大数据所进行的讨论。因为"用现有的一般技术难以管理"这样的状况，并不仅仅是由数据量增大这一个因素造成的。

IBM 说："可以用 3 个特征相结合来定义大数据：数量（Volume，或称容量）、种类（Variety，或称多样性）和速度（Velocity），或者就是简单的 3V，即庞大容量、极快速度和种类丰富的数据"（图 4-6）。

1. Volume（数量）

用现有技术无法管理的数据量，从现状来看，基本上是指从几十 TB 到几 PB 这样的数量级。当然，随着技术的进步，这个数值也会不断变化。

最初考虑到数据的容量，是指被大数据解决方案所处理的数据量大，并且在持续增长。数据容量大能够影响数据的独立存储和处理需求，同时还能对数据准备、数据恢复、数据管理的操作产生影响。如今，存储的数据数量正在急剧增长中，我们存储所有事物，包括环境数据、财务数据、医疗数据、监控数据等。有关数据量的对话已从 TB 级别转向 PB 级别，并且不可避免地会转向 ZB 级别。可是，随着可供企业使用的数据量不断增长，可处理、理解和分析的数据的比例却不断下降。

典型的生成大量数据的数据源包括以下四种。

（1）在线交易，例如官方在线销售点和网银。

（2）科研实验，例如大型强子对撞机和阿塔卡玛大型毫米及次毫米波阵列望远镜。

（3）传感器，例如 GPS 传感器，RFID 标签，智能仪表或者信息技术。

（4）社交媒体、Facebook、Twitter、微信、QQ 等。

2. Variety（种类、多样性）

数据多样性指的是大数据解决方案需要支持多种不同格式、不同类型的数据。数据多样性给企业带来的挑战包括数据聚合、数据交换、数据处理和数据存储等。

随着传感器、智能设备、社交协作技术的激增，企业中的数据也变得更加复杂，因为它不仅包含传统的关系型数据，还包含来自网页、互联网日志文件（包括单击流数据）、搜索索引、社交媒体论坛、电子邮件、文档、主动和被动系统的传感器数据等原始、半结构化和非结构化数据。

种类表示所有的数据类型。其中，爆发式增长的一些数据，如互联网上的文本数据、位置信息、传感器数据、视频等，用企业中主流的关系型数据库是很难存储的，它们都属于非结构化数据。

当然，在这些数据中，有一些是过去就一直存在并保存下来的。和过去不同的是，除了存储，还需要对这些大数据进行分析，并从中获得有用的信息。例如监控摄像机中的视频数据。近年来，超市、便利店等零售企业几乎都配备了监控摄像机，最初目的是防范盗窃，但现在也出现了使用监控摄像机的视频数据来分析顾客购买行为的案例。

例如，德国高级文具制造商万宝龙（Montblanc）过去是凭经验和直觉来决定商品陈列布局的，现在尝试利用监控摄像头对顾客在店内的行为进行分析。通过分析监控摄像机的数据，将最想卖出去的商品移动到最容易吸引顾客目光的位置，使得销售额提高了 20%。

美国移动运营商 T-Mobile 也在其全美 1 000 家店中安装了带视频分析功能的监控摄像机，可以统计来店人数，还可以追踪顾客在店内的行动路线、在展台前停留的时间，甚至是试用了哪一款手机、试用了多长时间等，对顾客在店内的购买行为进行分析。

3. Velocity（速度、速率）

数据产生和更新的频率，也是衡量大数据的一个重要特征。在大数据环境中，数据产生得很快，在极短的时间内就能聚集起大量的数据集。从企业的角度来说，数据的速率代表数据从进入企业边缘到能够马上进行处理的时间。处理快速的数据输入流，需要企业设计出弹性的数据处理方案，同时也需要强大的数据存储能力。有效处理大数据需要在数据变化的过程中对它的数量和种类执行分析，而不只是在它静止后执行分析。

根据数据源的不同，速率不可能一直很快。例如，核磁共振扫描图像不会像高流量 Web 服务器的日志条目生成速度那么快。例如一分钟内能够生成下列数据：35 万条推文、300 小时的 YouTube 视频、1.71 亿份电子邮件，以及 330 GB 飞机引擎的传感器数据。

又如，遍布全国的便利店在 24 小时内产生的 POS 机数据，电商网站中由用户访问所

产生的网站点击流数据，高峰时达到每秒近万条的微信短文，全国公路上安装的交通堵塞探测传感器和路面状况传感器（可检测结冰、积雪等路面状态）等，每天都在产生着庞大的数据。

IBM 在 3V 的基础上又归纳总结了第四个 V——Veracity（真实和准确）。"只有真实而准确的数据才能让对数据的管控和治理真正有意义。随着社交数据、企业内容、交易与应用数据等新数据源的兴起，传统数据源的局限性被打破，企业愈发需要有效的信息治理以确保其真实性及安全性。"

IDC（互联网数据中心）说："大数据是一个貌似不知道从哪里冒出来的大的动力。但是实际上，大数据并不是新生事物。然而，它确实正在进入主流，并得到重大关注，这是有原因的。廉价的存储、传感器和数据采集技术的快速发展、通过云和虚拟化存储设施增加的信息链路，以及创新软件和分析工具，正在驱动着大数据。大数据不是一个'事物'，而是一个跨多个信息技术领域的动力 / 活动。大数据技术描述了新一代的技术和架构，其被设计用于：通过使用高速（Velocity）的采集、发现和 / 或分析，从超大容量（Volume）的多样（Variety）数据中经济地提取价值（Value）。"

这个定义除了揭示大数据传统的 3V 基本特征，即大数据量、多样性和高速之外，还增添了一个新特征：价值。考虑到非结构化数据的较低信噪比需要，数据真实性（Veracity）随后也被添加到这个特征列表中。最终，其目的是执行能够及时向企业传递高价值、高质量结果的分析。

除了数据真实性和时间，大数据的价值也受如下几个生命周期相关的因素影响。

（1）数据是否存储良好？

（2）数据中有价值的部分是否在数据清洗的时候被删除了？

（3）数据分析时我们提出的问题是正确的吗？

（4）数据分析的结果是否准确地传达给了做决策的人员？

大数据实现的主要价值可以基于下面三个评价准则中的一个或多个进行评判。

（1）它提供了更有用的信息吗？

（2）它改进了信息的精确性吗？

（3）它改进了响应的及时性吗？

总之，大数据是个动态的定义，不同行业根据其应用的不同有着不同的理解，其衡量标准也在随着技术的进步而改变。

4.1.4　大数据相关术语

（1）数据湖：是集中式存储的数据库，允许以原样存储（无须预先对数据进行结构化处理）所有数据，并运用不同类型的处理方法，如数据挖掘、实时分析、机器学习和可视化等。

（2）数据治理：指从使用零散数据变为使用统一主数据，从具有很少或没有组织和流程治理到组织范围内的综合数据治理，从数据混乱到主数据条理清晰的处理过程。数据治理是一种数据管理理念，是确保组织在其数据生命周期中存在高数据质量的能力。

（3）集群计算：集群是使用多个计算机（如典型的个人计算机或工作站）、多个存储设备冗余互联，组成对用户来说单一的、高可用性的系统。集群计算用于实现负载均衡、并行计算等。

（4）黑暗数据：指被用户收集和处理但又不用于任何有意义用途的数据，可能永远被埋没和隐藏，因此称为"黑暗"数据，可能是社交网络信息流、呼叫中心日志、会议笔记等。有学者估计企业 60% ～ 90% 的数据都可能是黑暗数据。

（5）大数据采集与预处理技术：数据的采集是进行数据分析和应用的前提。数据采集的方法手段比较多样，可通过互联网收集、数据库复制、数据采购和移动终端上传等方式进行。采集的数据一般类型多样、格式不一，且部分数据不可直接使用，需要进行数据清洗等预处理操作。

（6）大数据存储与管理技术：相对于传统的数据，大数据数量庞大，且类型多样，通过分布式存储技术可解决存储问题，同时可对数据进行有效索引并快速查找。

（7）大数据分析与挖掘技术：通过对数据进行挖掘与分析，可以找到不同的数据对象潜在的相互关系和影响，也可以发现事物发展的性质和规律，为用户的决策提供科学依据。

（8）大数据可视化技术：认知和心理学专家研究发现，人类对图表的学习和认知速度远比文字要快。可通过面向文本、网络（图）、时空数据、多维数据的可视化技术，将数据分析结果形象地展现给最终用户，提供友好的、便于用户接受的界面。

（9）大数据安全技术：传统方式主要采用防火墙、用户访问控制、文件权限控制、数据校验和加密技术保障数据安全。在大数据环境下，安全形势愈加严峻，拟态计算、量子加密等新技术也在用于数据安全防护。

4.1.5　大数据与云计算、物联网、互联网之间的关系

大数据的产生有其必然性，主要归结于互联网、移动设备、物联网和云计算等快速崛起，全球数据量大幅提升。要真正了解大数据的概念，就必须了解大数据与云计算、物联网、互联网之间的关系。

《互联网进化论》一书中提出"互联网的未来功能和结构将与人类大脑高度相似，也将具备互联网虚拟感觉、虚拟运动、虚拟中枢、虚拟记忆神经系统"，并绘制了一幅互联网虚拟大脑结构图，形象生动地描绘了大数据、物联网、云计算等之间的关系，如图 4-7 所示。从图 4-7 中可以看出，物联网对应互联网的感觉和运动神经系统，是数据的采集端；云计算是互联网核心硬件层和软件层的集合，对应互联网的中枢神经系统，是数据的处理中心；大数据代表互联网信息层（数据海洋），是互联网智慧和意识产生的基础。物联网、传统互联网和移动互联网在源源不断地汇聚数据和接收数据。

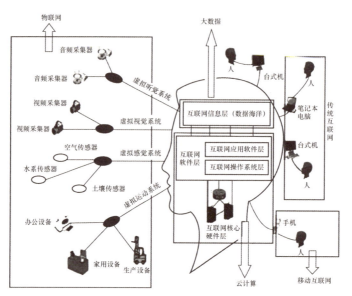

图 4-7　大数据、云计算、物联网和互联网之间的关系

　　大数据着眼于"数据"，关注实际业务。云计算着眼于"计算"，关注 IT 解决方案，提供 IT 基础架构，看重数据处理能力。云计算为大数据提供有力的工具和途径，大数据为云计算提供用武之地。

　　物联网作为新一代信息技术的重要组成部分，是互联网的应用拓展，广泛应用于智能交通、环境保护、政府工作、公共安全、平安家居、智能消防、气象灾害预报、工业监测、个人健康、照明管控、情报收集等诸多领域。物联网、移动互联网和传统互联网每天都产生海量数据，为大数据提供数据来源，而大数据则通过云计算的形式，对这些数据进行分析处理，提取有用的信息，即大数据分析。

4.2　大数据的成长及挑战

　　在大数据时代，数据存在多源异构、分布广泛、动态增长、先有数据后有模式等诸多特点。正是这些与传统数据不同的特点，使得大数据时代的数据管理面临新的挑战。目前大数据处理和分析工具相当落后，问题很严重：在大数据背景下，传统的数据分析软件都是失效的。利用目前的主流软件工具，无法在合理的时间内撷取数据、管理数据、处理数据，并整理成帮助企业经营或为主管部门决策提供支持的数据。

4.2.1　大数据的成长

　　IT（Information Technology）时代（又称信息时代）与 DT（Data

微课：大数据
的成长及挑战

Technology）时代（又称数据时代）是前后衔接的两个时代。信息时代是数据时代的基石和前奏，数据时代是信息时代的传承和发展，并正在以一种全新的方式颠覆人们工作、生活和娱乐的模式。

1. 互联网技术推动了大数据的泛在化

通常来讲，互联网发展经历了研究网络、运营网络和商业运营网三个阶段。互联网的重要性不仅在于其规模庞大，而且在于其能够提供全新的全球信息服务基础设施。此外，互联网彻底改变了人类的思维模式和工作、生活方式，促进了社会各行业的发展，成为时代的重要标志之一。互联网产生的数据量不断增加，尤其是电子政务、社交媒体、网上购物等应用实时提供和处理越来越多的网络数据，在数据处理、传输与应用方面提出了新的问题。这种趋势加上其他网络数据源的普及，大数据的泛在化就成为必然的结果。

2. 存储技术支撑了大数据的大容量化

自从世界上第一台计算机出现以来，计算机存储设备也在不断更新，从水银延迟线、磁带、磁鼓、磁芯，到当今的半导体存储器、磁盘、光盘和纳米存储器，存储容量不断扩大，而存储器的价格也在不断下降。自 2005 年亚马逊公司推出云服务平台后，一种新型的网络存储方式——云存储逐渐应用推广，用户可以获取更大的存储容量。云存储通过允许用户访问云中的存储资源来扩大用户的存储容量，而用户可以随时随地通过任何连接到网络的设备轻松连接到云端读取数据。

3. 计算能力加速了大数据的实时化

信息产业的发展也正如摩尔所预言的那样，定期推出具有不断优化的操作系统和性能更强大的计算机。硬件厂商每开发一款运算能力更强的芯片，软件服务商就会开发更加便捷的操作系统，极大地提升了信息处理速度。尤其是超级计算机和云计算的产生，使得对数据的计算能力极大加强，为大数据的实时化处理提供了可能。

典型案例

预判发货

2014 年年初，亚马逊公司宣布了一项新专利：预判发货技术，即消费者在浏览商品尚未下单付款时，公司就将消费者心仪的商品打包交付运输，从而可以将消费者等待的时间从数天缩短到数小时。

该技术原理是根据消费者以往的搜索记录和消费记录等大数据，推算出消费者的消费偏好、经济水平、消费习惯等，甚至可从浏览某件商品的时间推断消费者对某类商品和品牌的青睐程度，进而分析消费者购买某种商品的可能性，当可能性大于某个标准时，亚马逊公司就会自动发货。

为了提高预判发货的准确性，降低物流成本，亚马逊公司采取了一些措施。例如，刚上市的畅销商品能吸引大量的消费者购买，往往会采用预判发货；对于经常在亚马逊网站购物且购买力较强的消费者，更加倾向于预判发货。此外，还会根据消费者浏览商品的时间、购买商品的数量等推算其犹豫时间，对于犹豫时间较短的消费者，也会预判发货。

4.2.2　挑战与机遇

尽管大数据给人类的生产生活带来了翻天覆地的变化，但是受数据质量、分析技术和接受程度的局限，大数据在新时代面临着以下挑战与机遇。

1. 数据的挑战与机遇

在实际应用中，大数据的获取较难，同时质量也难以保证。通常在收集数据时，仅针对某几个具体指标进行，如果长期依赖于部分维度的数据进行分析，预测结果就会因为数据的不全面而产生偏差；在庞大的物联网中，设备有一定的损坏率，这些设备会收集一些错误或偏差很大的数据，同时采集数据的终端传感器若存在误差，也将导致数据的准确性降低。此外，数据在网络中传输有一定的误码率，尽管误码率非常低，但如果长期不进行数据的校验，或者少部分关键性信息发生错误，就会对数据分析结果产生较大影响。

但也要看到，针对某些特定领域的总体决策问题，大数据使得"全样本"数据的获取成为可能，传统"小数据"分析需要的数据假设前提将不复存在。同时，呈指数级增长的非结构化数据和实时流数据的盛行，使得大数据的数据处理对象发生了极大变化。通过处理速度极快的数据采集、挖掘与分析，从异构、多源的大数据中获取高价值信息，提供实时精准的预警预测，形成支持决策的"洞察力"，将是大数据给予的最好机遇，也是大数据系统的发展方向。

2. 技术的挑战与机遇

目前，数据挖掘与分析的算法可采用机器学习的方法。机器学习依赖于收集的大数据不断地进行迭代学习并更新学习模型的参数，其局限性是难以创造新的知识，只能挖掘数据固有的规律和联系。学习效果的好坏还取决于学习模型的选择，良好的学习模型能收获较好的学习结果；若模型选择不当，则即使计算迭代的次数再多，也难以得到理想的结果。同时，在利用大数据驱动决策时，需要将决策问题模型化，做出一些合理性假设，忽略影响不大的因素，抓住关键问题和主要矛盾。在这个过程中，某些合理性假设未必合理，这将导致决策结果出现偏差。

同时，大数据的出现使得传统数据存储管理和挖掘分析技术难以适应时代发展要求。这需要大数据研究者和使用者应用新的管理分析模式，从非结构化数据和流数据中挖掘价值、探求知识。大数据需要存储，加速了 HDFS、BigTable 等技术；大量的并发数据事务处理，催生了 NoSQL 数据库；众多的数据需求分析处理，发展了 MapReduce、Hadoop 等大数据处理技术。此外，大数据与人工智能、地理信息、图像处理等多个研究领域交叉融合，展现了基于数据驱动的大数据技术的美好前景。

3. 用户的挑战与机遇

大数据驱动模式不同于以往依赖于相关领域专家和领导者的经验驱动模式，其分析与决策过程大大降低了专家和领导者的地位和作用，进而影响到领导层部分人员的切身利益。由于这个原因，其对大数据的接受过程会相对缓慢。同时，大数据应用需要建立大数据仓库和大数据系统，前期会投入较高的经济成本，其运营程度的好坏也会影响其在分析决策过程中的作用。若部分领导者不愿进行大规模的投入，就会影响大数据驱动决策的推广和实施。

运用大数据产生的效益与机遇也是不可小觑的。目前，各行业企业只是刚刚进入大数据应用阶段，运用大数据辅助决策对于绝大部分行业来说，都是新时期竞争优势的创造源泉。有调查显示，数据驱动型企业在生产率和盈利水平等方面普遍优于同行业竞争者。数据驱动的系统在处理特定问题时，可以做出比人类更优的决策，如金融领域的某些系统基于大数据可以做出相当高比例的投资决策。从目前至可预见的将来，能更好地运用大数据的组织或企业将可能迸发出更多的创新性，并更好地维持决策的灵活性；整个社会对于数据驱动应用和决策的依赖性会越来越高。

4.3 大数据技术及应用

大数据是信息金矿，对其进行采集、传输、处理和应用的相关技术就是大数据处理技术，这是使用非传统工具对大量的结构化、半结构化和非结构化数据进行处理，从而获得分析和预测结果的一系列数据处理技术，简称大数据技术。

4.3.1 大数据技术框架

根据大数据处理的生命周期，大数据技术体系涉及大数据采集与预处理、大数据存储与管理、大数据计算模式与系统、大数据分析与挖掘、大数据可视化分析、大数据隐私与安全等几个方面。大数据技术框架如图 4-8 所示。

微课：大数据技术及应用

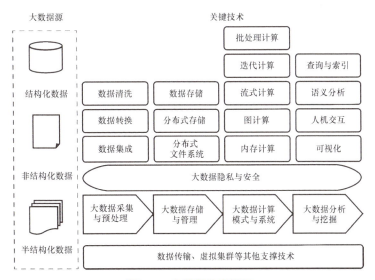

图 4-8 大数据技术框架

1. 大数据采集与预处理

大数据的一个重要特点就是数据源多样化，包括数据库、文本、图片、视频、网页等各类结构化、非结构化及半结构化数据。因此，大数据处理的第一步是从数据源采集数据并进行预处理和集成操作，为后续流程提供统一的高质量的数据集。现有数据抽取与集成方法可分为以下四种：基于物化或 ETL 引擎方法、基于联邦数据库引擎或中间件方法、基于数据流引擎方法和基于搜索引擎方法。

常用 ETL 工具负责将异构数据源中的数据如关系数据、平面数据文件等抽取到临时中间层后进行清洗、转换、集成，最后加载到数据仓库或数据集中，成为联机分析处理、数据挖掘的基础。由于大数据的来源不一，在异构数据源的集成过程中需要对数据进行清洗，以消除相似、重复或不一致数据。针对大数据的特点，数据清洗和集成技术采用了非结构化或半结构化数据的清洗及超大规模数据的集成方案。

2. 大数据存储与管理

数据存储与大数据应用密切相关。大数据给存储系统带来了三个方面的挑战：一是存储规模大，通常达到 PB 甚至 EB 级；二是存储管理复杂，需要兼顾结构化、非结构化和半结构化数据；三是对数据服务的种类和水平要求高。

大数据存储与管理，需要对上层应用提供高效的数据访问接口，存取 PB 级甚至 EB 级的数据，并且对数据处理的实时性、有效性提出了更高的要求，传统技术手段根本无法应付。某些实时性要求较高的应用，如状态监控，更适合采用流处理模式，直接在清洗和集成后的数据源上进行分析。而大多数其他应用需要存储，以支持后续更深度数据分析流程。根据上层应用访问接口和功能侧重点的不同，存储和管理软件主要包括文件系统和数据库。在大数据环境下，目前最适用的技术是分布式文件系统、分布式数据库及访问接口和查询语言。

目前，一批新技术被提出来应对大数据存储与管理的挑战，具有代表性的研究包括分布式缓存（包括 CARP、mem-cached）、基于 MPP 的分布式数据库、分布式文件系统（GFS、HDFS），以及各种 NoSQL 分布式存储方案（包括 MongoDB、CouchDB、HBase、Redis、Neo4j 等）。各大数据库厂商如 Oracle、IBM、Greenplum 等都已经推出支持分布式索引和查询的产品。

3. 大数据计算模式与系统

大数据计算模式指根据大数据的不同数据特征和计算特征，从多样性的大数据计算问题和需求中提炼并建立的各种高层抽象或模型，它的出现有力地推动了大数据技术和应用的发展。

大数据处理的主要数据特征和计算特征维度有：数据结构特征、数据获取方式、数据处理类型、实时性或响应性能、迭代计算、数据关联性和并行计算体系结构特征。根据大数据处理多样性需求和上述特征维度，目前已有多种典型、重要的大数据计算模式和相应的大数据计算系统及工具。

大数据查询分析计算模式可提供实时或准实时的数据查询分析能力，以满足企业日常的经营管理需求。大数据查询分析计算的典型系统包括 Hadoop 下的 HBase 和 Hive、Facebook 开发的 Cassandra、Google 公司的交互式数据分析系统 Dremel、Cloudera 公司的实时查询引擎 Impala。最适合完成大数据批处理的计算模式是 Google 公司的 MapReduce。MapReduce 执行流程如图 4-9 所示。

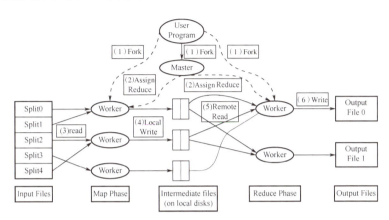

图 4-9　MapReduce 执行流程

流式计算是一种实时性计算模式，需要对一定时间窗口内应用系统产生的新数据完成实时的计算处理，避免数据堆积和丢失。尽可能快地对最新数据做出分析并给出结果是流式计算的目标，其模型如图 4-10 所示。采用流式计算的大数据应用场景有网页点击数实时统计、传感器网络、电力、金融交易、道路监控，以及互联网行业的访问日志处理等，它们同时具有高流量的流式数据和积累的大量历史数据，因而在提供批处理数据模式的同时，系统还需要具备高实时性的流式计算能力。

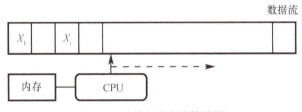

图 4-10　基本流式计算模型

内存计算是指 CPU 直接从内存而不是硬盘上读取数据，并进行计算、分析，它是对传统数据处理方式的一种加速。内存计算非常适合处理海量数据，以及需要实时获得结果的数据。用内存计算完成实时的大数据处理已成为大数据计算的一个重要发展趋势。分布内存计算的典型开源系统是 Spark。SAP 公司的 HANA 则是一个全内存式的基于开放式架构设计的内存计算系统，也是一个高性能大数据管理平台。此外，还有 Oracle 的 TimesTen 和 IBM 的 solidDB。

4. 大数据分析与挖掘

由于大数据环境下数据呈现多样化、动态异构，而且比小样本数据更有价值等特点，

需要通过大数据分析与挖掘技术来提高数据质量和可信度，帮助理解数据的语义，提供智能的查询功能。针对大数据环境下非结构化或半结构化数据挖掘问题，业界提出了图片文件的挖掘技术，以及大规模文本文件的检索与挖掘技术。

5. 大数据可视化分析

数据分析是大数据处理的核心，但是用户往往更关心结果的展示。如果分析结果正确，但是没有采用适当的解释方法，则所得到的结果很可能让用户难以理解，极端情况下甚至会误导用户。由于大数据分析结果具有海量、关联关系极其复杂等特点，采用传统的解释方法基本不可行。目前常用的方法是可视化技术和人机交互技术。

可视化技术能够迅速和有效地简化与提炼数据流，帮助用户交互筛选大量的数据，有助于用户更快更好地从复杂数据中得到新的发现。用形象的图形方式向用户展示结果，已作为最佳结果展示方式之一率先被科学与工程计算领域采用。常见的可视化技术有原位分析（In Situ Analysis）、标签云（Tag Cloud）、历史流（History Flow）、空间信息流（Spatial Information Flow）、不确定性分析等。可以根据具体的应用需要选择合适的可视化技术。例如，通过数据投影、维度降解和电视墙等方法来解决大数据显示问题。

以人为中心的人机交互技术也是解决大数据分析结果展示的一种重要技术，能够让用户在一定程度上了解和参与具体的分析过程。既可以采用人机交互技术，利用交互式的数据分析过程来引导用户逐步进行分析，使用户在得到结果的同时更好地理解分析结果的由来；也可以采用数据起源技术，帮助追溯整个数据分析过程，有助于用户理解结果。

6. 大数据隐私与安全

近年来，手机应用、智能摄像头、Wi-Fi 等泄露用户隐私的现象时有发生。如今，支撑智能时代的大数据、云计算、人工智能等技术，既是创新发展的助推器，也是滋生网络安全问题的催化剂。在智能时代，新技术是帮凶，也是克星。信息安全的这场攻防战永无止境。

国家密码行业标准化技术委员会主任委员徐汉良建议，将密码技术与数据标识相结合，通过信任管理、访问控制、数据加密、可信计算、密文检索等措施，构建集传输、分析、应用于一体的数据安全体系，解决隐私保护、数据源真实、防身份假冒等问题。

英国励讯集团全球副总裁菲拉维欧·维拉纳斯特（Flavio Villanustre）认为，在数据流通方面，建议通过匿名化，让脱敏数据去掉标签；也可通过"差别隐私"机制，在数据中加入一些"噪声"，以保护数据的外部识别。

在用户数据保护方面，企业作为数据的收集者、控制者，既做"运动员"又做"裁判员"，显然难以解决问题。因此不能光靠企业自律，要让法律推动内生机制生成。尤其是通过以个人信息保护法为核心的一整套机制作为保障，形成有效的外部威慑。

4.3.2 大数据处理工具和技术发展趋势

1. 大数据处理工具

现有的大数据处理工具大多是对开源的 Hadoop 平台进行改进并将其应用于各种场

景。Hadoop 完整生态系统中各子系统都有相应大数据处理的改进产品。常用大数据处理工具见表 4-1，这些工具有的已经投入商业应用，有的是开源软件。在已经投入商业应用的产品中，绝大部分也是在开源 Hadoop 平台的基础上进行功能扩展，或者提供与 Hadoop 的数据接口。

表 4-1 常用大数据处理工具

种类		工具示例
平台	Local	Hadoop、MapR、Cloudera、Hortonworks、BigInsights、HPCC
	Cloud	AWS、Google Compute Engine、Azure
数据库	SQL	MySQL（Oracle）、MariaDB、PostgreSQL、TokuDB、AsterData、Vertica
	NoSQL	HBase、Cassandra、MongoDB、Redis
	NewSQL	Spanner、Megastore、F1
数据仓库		Hive、HadoopDB、Hadapt
数据收集		ScraperWiKi、Needlebase、bazhuayu
数据清洗		DataWrangler、GoogleRefine、OpenRefine
数据处理	批处理	MapReduce、Dyrad
	流式计算	Storm、S4、Kafka
	内存计算	Drill、Dremel、Spark
查询语言		HiveQL、PigLatin、DryadLINQ、MRQL、SCOPE
统计与机器学习		Mahout、Weka、R、RapidMiner
数据分析		Jaspersoft、Pentaho、Splunk、Loggly、Talend
可视化分析		Google Chart API、Flot、D3、Processing、Fusion Tables、Gephi、SPSS、SAS、R、ModestMaps、OpenLayers

2. 基于云的数据分析平台

目前大部分企业所分析的数据量在 TB 级。按照目前数据的发展速度，很快将会进入 PB 时代。企业希望能将自己的各类应用程序及基础设施转移到云平台上。就像其他 IT 系统那样，大数据的分析工具和数据库也将走向云计算。基于云的数据分析平台框架如图 4-11 所示。云计算能为大数据带来哪些变化呢？

图 4-11 基于云的数据分析平台框架

云计算为大数据提供了可以弹性扩展、相对便宜的存储空间和计算资源，使得中小企业也可以像亚马逊一样通过云计算来完成大数据分析。

云计算 IT 资源庞大、分布较为广泛，是异构系统较多的企业及时准确处理数据的有力方式，甚至是唯一的方式。

当然，大数据要走向云计算，还有赖于数据通信带宽的提高和云资源池的建设，需要确保原始数据能迁移到云环境，以及资源池可以随需弹性扩展。数据分析集逐步扩大，企业级数据仓库将成为主流，未来还将逐步纳入行业数据、政府公开数据等多源数据。

随着政府和行业数据的开放，更多的外部数据将进入企业级数据仓库，使得数据仓库规模更大，数据的价值也更大。

3. 大数据技术发展趋势

目前，大数据相关的技术和工具非常多，它们成为大数据采集、存储、处理和呈现的有力武器，给企业提供了更多的选择。随着大数据的不断发展和研究，大数据各个环节的技术发展呈现出新的趋势，见表 4-2。

表 4-2　大数据技术发展趋势

主要技术	发展趋势
采集与预处理	数据源的选择与高质量原始数据的采集方法 多源数据的实体识别和解析方法 数据清洗和自动修复方法 高质量数据的整合方法 数据演化的溯源管理
存储与管理	大数据索引和查询技术 实时 / 流式大数据存储与处理
计算模式与系统	Hadoop 改进后与其他计算模式和平台共存 混合计算模式成为大数据处理的有效手段
数据分析与挖掘	更复杂和大规模分析与挖掘 大数据实时分析与挖掘 大数据分析与挖掘的基准测试
可视化分析	原位分析 人机交互 协同与众包可视分析 可扩展性与多级层次问题 不确定性分析和敏感分析 可视化与自动数据计算挖掘结合 面向领域和大众的可视化工具库
数据隐私与安全	NoSQL 有待进一步完善 APT 攻击研究 社交网络的隐私保护 数字水印技术 风险自适应访问控制 数据采集、存储、分析 3 个过程
其他	大数据高效传输架构和协议 大数据虚拟机集群优化研究

4.3.3　大数据的应用

1. 商品零售大数据

在美国，有一位父亲怒气冲冲地跑到 Target 卖场，质问为何将带有婴儿用品优惠券的广告邮件，寄给他正在念高中的女儿。然而后来证实，他的女儿果真怀孕了。这名女孩搜索商品的关键词，以及在社交网站所显露的行为轨迹，使 Target 捕捉到了她的怀孕信息。相关模型发现，许多孕妇在第二个妊娠期开始时会买许多大包装的无香味护手霜，在怀孕的最初 20 周内会大量购买补充钙、镁、锌的善存片之类的保健品。最后，Target 选出了25 种典型商品的消费数据构建了"怀孕预测指数"。通过这个指数，Target 能够在很小的误差范围内预测顾客的怀孕情况，因此 Target 就能早早地把孕妇优惠广告寄给顾客。

沃尔玛是美国的一家大型超市，其高层管理人员在分析以往的销售数据时发现了一件趣事："啤酒"和"尿布"经常出现在同一购物车内进行结算。根据这个分析结果，超市的管理人员把啤酒和尿布放在距离相近的货架上，结果两件商品的销售量都得到了较大的提升。后来经过深入的调查发现，在有婴儿的家庭中，大多是母亲在家照顾婴儿，父亲外出购买家庭和婴儿的各类生活用品。由于父亲喜欢喝啤酒，就会顺手买一些带回家，所以这两件商品就会出现在同一个购物车中而进行结算。这是一个数据挖掘与分析的典型应用，数据分析师通过分析数据之间的关联性，发现了事物之间潜在的联系，进而为决策提供支持，取得了较好的决策效果，赢得了商业利益。

阿里巴巴公司（以下简称"阿里"）根据淘宝网上中小企业的交易状况筛选出财务健康和讲究诚信的企业，对它们发放无须担保的贷款。零售企业会监控顾客在店内的走动情况及其与商品的互动，并将这些数据与交易记录相结合来展开分析，从而针对销售哪些商品、如何摆放货品及何时调整售价给出意见。此类方法已经帮助某领先零售企业减少了17% 的存货，同时在保持市场份额的前提下，增加了高利润率自有品牌商品的比例。

2. 消费大数据

亚马逊"预测式发货"的新专利，可以通过对用户数据的分析，在他们正式下单购物前，提前发出包裹。这项技术可以缩短发货时间，从而降低消费者前往实体店的冲动。从下单到收货之间的时间延迟可能会降低人们的购物意愿，导致他们放弃网上购物。所以，亚马逊会根据之前的订单和其他因素，预测用户的购物习惯，从而在他们实际下单前便将包裹发出。根据该专利文件，虽然包裹会提前从亚马逊发出，但在用户正式下单前，这些包裹仍会暂存在快递公司的转运中心或卡车里。

为了确定要运送哪些货物，亚马逊会参考之前的订单、商品搜索记录、愿望清单、购物车，甚至包括用户的鼠标在某件商品上悬停的时间。

3. 证监会大数据

回顾"老鼠仓"的查处过程，在马乐一案中，大数据首次介入。深圳证券交易所（以下简称"深交所"）此前通过大数据查出的可疑账户多达 300 个。实际上，早在 2009 年，上海证券交易所就曾经有过利用大数据设置"捕鼠器"的设想。通过建立相关的模型，设

定一定的预警指标，即相关指标达到某个预警点时，监控系统会自动报警。

此次在马乐案中亮相的深交所的大数据监测系统，更是引起了广泛关注。深交所设置了200多个指标用于监测估计，一旦出现股价偏离大盘走势的情况，深交所就会利用大数据查探异动背后有哪些人或机构在参与。

4. 金融大数据

阿里"水文模型"会按小微企业类目、级别等统计商户的相关"水文数据"。例如，过往每到某个时点，某店铺的销售就会进入旺季，销售额就会增长，其对外投放的资金额度也会上升。结合这些"水文数据"，系统可以判断出该店铺的融资需求；结合该店铺以往资金支用数据及同类店铺资金支用数据，可以判断出该店铺的资金需求额度。

5. 金融交易大数据

量化交易、程序化交易、高频交易是大数据应用比较多的领域。全球2/3的股票交易量是由高频交易所创造的，参与者总收益每年高达80亿美元。其中，大数据算法被用来做出交易决定。现在，大多数股权交易都是通过大数据算法进行的，这些算法越来越多地开始考虑社交媒体网络和新闻网站的信息，从而在几秒内做出买入和卖出的决定。

当一种产品可以在多个交易所交易时，会形成不同的定价。谁能够最快地捕捉到同一种产品在不同交易所之间的显著价差，谁就能捕捉到瞬间套利机会。在这一过程中，大数据技术成为了重要因素。

6. 制造业大数据

在摩托车生产商哈雷·戴维森公司位于宾尼法尼亚州约克市的刚翻新的摩托车制造厂中，软件不停地记录着各种制造数据，如喷漆室风扇的速度等。当软件"察觉"风扇速度、温度、湿度或其他变量偏离规定数值时，它就会自动调节。哈雷·戴维森公司还使用软件，寻找制约公司每86秒完成一台摩托车制造工作的瓶颈。这家公司的管理者通过研究数据发现，安装后挡泥板的时间过长。通过调整工厂配置，哈雷·戴维森公司提高了安装该配件的速度。

美国一些纺织及化工生产商，根据从不同的百货公司POS机上收集的产品销售速度信息，将原来的18周送货周期缩短到3周。如此一来，百货公司分销商能以更快的速度拿到货物，减少仓储。对生产商来说，材料仓储费用也能减少很多。

7. 医疗大数据

谷歌基于来自全球的每天30多亿条搜索指令设立了一个系统，这个系统在2009年H1N1流感病毒爆发之前就开始对美国各地区进行"流感预报"，并推出了"谷歌流感趋势"服务。

谷歌在这项服务的产品介绍中写到，搜索流感相关主题的人数与实际患有流感的人数之间存在着密切的关系。虽然并非每个搜索"流感"的人都患有流感，但谷歌发现了一些检索词条的组合并用特定的数学模型对其进行了分析，这些分析结果与传统流感监测系统监测结果的相关性高达97%。这就表示，谷歌公司能做出与疾控部门同样准确的传染源位置判断，并且在时间上提前了1～2周。

继世界杯、高考、景点和城市预测之后，百度又推出了疾病预测产品。目前可以就流感、肝炎、肺结核、性病这 4 种疾病，对全国每个省份及大多数地级市和区县的活跃度、趋势图等情况，进行全面的监控。未来，百度疾病预测监控的疾病种类将从目前的 4 种增加到 30 多种，覆盖更多的常见病和流行病。用户可以根据当地的预测结果进行针对性预防。

社交网络为许多慢性病患者提供了临床症状交流和诊治经验分享平台，医生借此可获得在医院通常得不到的临床效果统计数据。基于对人体基因的大数据分析，可以实现对症下药的个性化治疗。公共卫生部门可以通过全国联网的患者电子病历库，快速检测传染病，进行全面疫情监测，并通过集成的疾病监测和响应程序，快速进行响应。

8. 交通大数据

①美国联合包裹运送服务公司（United Parcel Service，UPS）最新的大数据来源是安装在公司 4.6 万多辆卡车上的远程通信传感器，这些传感器能够传回车速、方向、刹车和动力性能等方面的数据。收集到的数据流不仅能反映车辆的日常性能，还能帮助公司重新设计物流路线。大量的在线地图数据和优化算法，最终能帮助 UPS 实时地调整驾驶员的收货和配送路线。该系统为 UPS 减少了 8 500 万英里的物流里程，由此节省了 840 万加仑的汽油。

②基于位置的服务（Location Based Services，LBS），是利用各类型的定位技术来获取定位设备当前的所在位置。可基于用户和车辆的 LBS 定位数据，分析人车出行的个体和群体特征，进行交通行为的预测。交通部门可预测不同时间点不同道路的车流量，进行智能的车辆调度或应用潮汐车道。用户则可以根据预测结果选择拥堵概率更低的道路。百度基于地图应用的 LBS 预测涵盖范围更广。春运期间预测人们的迁徙趋势，指导火车线路和航线的设置。节假日预测景点的人流量，指导人们进行景区选择。平时通过百度热力图来告诉用户城市商圈、动物园等地点的人流情况，指导用户进行出行选择和商家选点选址。

9. 公安大数据

大数据挖掘技术的底层技术最早是英国陆军情报六局研发的用来追踪恐怖分子的技术。利用大数据技术可筛选犯罪团伙，如与锁定的罪犯乘坐同一班列车、住同一酒店的人可能是其同伙。过去，刑侦人员要证明这一点，需要通过把不同线索拼凑起来排查疑犯。

通过对越来越多数据的挖掘分析，可显示某一区域的犯罪率及犯罪模式。大数据可以帮助警方定位最易受到不法分子侵扰的区域，创建一张犯罪高发地区热点图和时间表。这不但有利于警方精准分配警力、预防打击犯罪，也能帮助市民了解情况、提高警惕。

10. 文化传媒大数据

与传统电视剧有别，《纸牌屋》是一部根据"大数据"制作的作品。制作方 Netflix 是美国最具影响力的影视网站之一，在美国本土约有 2 900 万名订阅用户。Netflix 的成功之处在于其强大的推荐系统 Cinematch，该系统将用户视频点播的基础数据如评分、播放、快进、时间、地点、终端等存储在数据库中，然后通过数据分析，推断出用户可能喜爱的影片，并为其提供定制化的推荐。

Netflix 发布的数据显示，用户在 Netflix 上每天产生 3 000 多万个行为，如暂停、回放或快进；同时，用户每天还会给出 400 万个评分，发出 300 万次搜索请求。Netflix 遂决定用这些数据来制作一部电视剧，投资过亿美元制作出《纸牌屋》。

Netflix 发现，其用户中有很多人仍在点播 1991 年的 BBC 经典老片《纸牌屋》，这些观众中许多人喜欢大卫·芬奇，而且观众大多爱看奥斯卡奖得主凯文·史派西的电影。由此 Netflix 邀请大卫·芬奇作为导演，凯文·史派西作为主演，翻拍了《纸牌屋》这一政治题材剧。2013 年 2 月《纸牌屋》上线后，Netflix 用户数增加了 300 万，达到 2 920 万。

11. 航空大数据

科技创业公司 Farecast 已经拥有惊人的约 2 000 亿条飞行数据记录，用来推测当前网页上的机票价格是否合理。作为一种商品，同一架飞机上每个座位的价格本来不应该有差别。但实际上，价格却千差万别，其中缘由只有航空公司自己清楚。

Farecast 预测当前的机票价格在未来一段时间内会上涨还是下降。这个系统需要分析所有特定航线机票的销售价格，并确定票价与提前购买天数的关系。

Farecast 票价预测的准确度已经高达 75%。使用 Farecast 票价预测工具购买机票的旅客，平均每张机票可节省 50 美元。

12. 人体健康大数据

中医可以通过望闻问切发现人体内隐藏的一些慢性病，甚至看体质便可知晓一个人将来可能会出现什么症状。人体体征变化有一定规律，而慢性病发生前人体会有一些持续性异常。从理论上来说，如果大数据掌握了这样的异常情况，便可以进行慢性病预测。

结合智能硬件，慢性病的大数据预测变为可能。可穿戴设备和智能健康设备可帮助网络收集人体健康数据，如心率、体重、血脂、血糖、运动量、睡眠量等。如果这些数据足够精确且全面，并且有可以形成算法的慢性病预测模式，或许未来你的设备就会提醒你的身体罹患某种慢性病的风险。众筹网站平台 KickStarter 上的 My Spiroo 便可收集哮喘患者的吐气数据来指导医生诊断其未来的病情趋势。

13. 体育赛事大数据

世界杯期间，谷歌、百度、微软和高盛等公司都推出了比赛结果预测平台。百度预测结果最为亮眼，预测全程 64 场比赛，准确率为 67%，进入淘汰赛后准确率为 94%。现在互联网公司取代章鱼保罗试水赛事预测，也意味着未来的体育赛事会被大数据预测所掌控。

谷歌世界杯预测基于体育数据提供商 Opta Sports 的海量赛事数据来构建其最终的预测模型。百度则是搜索过去 5 年内全世界 987 支球队（含国家队和俱乐部队）的 3.7 万场比赛数据，同时与中国彩票网站乐彩网、欧洲必发指数数据供应商 Spdex 进行数据合作，导入博彩市场的预测数据，建立了一个囊括 199 972 名球员和 1.12 亿条数据的预测模型，并在此基础上进行结果预测。

从互联网公司的成功经验来看，只要有体育赛事历史数据，并且与指数公司进行合作，便可以进行其他赛事的预测，如欧洲冠军联赛（简称"欧冠"）、美国职业篮球联赛（NBA）等赛事。

14. 灾害大数据

气象预测是最典型的灾害预测。地震、洪涝、高温、暴雨这些自然灾害如果可以利用大数据进行预测，便有助于减灾、防灾、救灾、赈灾。过去的数据收集方式存在着死角、成本高等问题，物联网时代可以借助廉价的传感器、摄像头和无线通信网络，进行实时的数据监控收集，再利用大数据预测分析，做到更精准的自然灾害预测。

以气象卫星数据为例，虽然气象卫星是用来获取与气象要素相关的各类信息的，然而在森林草场火灾、船舶航道浮冰分布等方面，气象卫星也能发挥出跨行业的实时监测服务价值。气象卫星、天气雷达等非常规遥感遥测数据中包含的信息十分丰富，有可能挖掘出新的应用价值，从而拓展气象行业新的业务领域和服务范围。例如，可以利用气象大数据为农业生产服务。美国硅谷有家专门从事气候数据分析处理的公司，它从美国气象局等数据库中获得数十年来的天气数据，然后将各地降雨、气温、土壤状况与历年农作物产量的相关度做成精密图表，可预测各地农场来年产量和适宜种植品种，同时向农户提供个性化保险服务。气象大数据应用还可在林业、海洋、气象灾害等方面拓展新的业务领域。

15. 环境变迁大数据

大数据除进行短时间微观的天气、灾害预测之外，还可以进行长期和宏观的环境和生态变迁预测。森林和农田面积缩小、野生动植物濒危、海岸线上升、温室效应等问题是地球面临的"慢性问题"。如果人类知道越多地球生态系统及天气形态变化数据，就越容易模拟未来环境的变迁，进而阻止不好的转变发生。大数据能帮助人类收集、存储和挖掘更多的地球数据，并且提供了预测的工具。

除上面列举的15个领域之外，大数据还可被应用于房地产预测、就业情况预测、高考分数线预测、选举结果预测、奥斯卡大奖预测、保险投保者风险评估、金融借贷者还款能力评估等，让人类具备可量化、有说服力、可验证的洞察未来的能力。

美国的维克托在《大数据时代》一书中提道："未来，数据将会像土地、石油和资本一样，成为经济运行中的根本性资源。"

总之，未来的信息世界是三分技术、七分数据，得数据者得天下。

拓展阅读

行业大数据应用

1. 大数据应用案例之医疗行业

（1）Seton Healthcare 是采用 IBM 最新沃森技术医疗保健内容分析预测的首个客户。该技术允许企业找到大量患者的临床医疗信息，通过大数据处理，更好地分析患者的信息。

在加拿大多伦多的一家医院，针对早产婴儿，每秒钟有超过3 000次的数据读取。通过分析这些数据，医院能够提前知道哪些早产儿出现问题并且有针对性地采取措施，避免早产婴儿夭折。

它让更多的创业者更方便地开发产品，比如通过社交网络来收集数据的健康类App。也许未来数年后，它们搜集的数据能让医生的诊断变得更为精确，比方说药剂用量不是通用的成人每日三次，一次一片，而是检测到你的血液中药剂已经代谢完成后自动提醒你再次服药。

（2）大数据配合乔布斯癌症治疗。乔布斯是世界上第一个对自身所有 DNA 和肿瘤 DNA 进行排序的人。为此，他支付了高达几十万美元的费用。他得到的不是样本，而是整个基因的数据文档。医生对于所有基因按需下药，最终这种方式帮助乔布斯延长了好几年的生命。

2. 大数据应用案例之能源行业（图 4-12）

图 4-12　能源互联云平台（图片来源：能源生态圈公众号）

（1）欧洲现在已经将智能电网做到了终端，也就是所谓的智能电表。在德国，为了鼓励利用太阳能，会在家庭安装太阳能设备，除了卖电给你，当你的太阳能设备有多余电的时候还可以买回来。通过电网每隔五分钟或十分钟收集一次数据，收集来的这些数据可以用来预测客户的用电习惯等，从而推断出在未来 2~3 个月时间里，整个电网大概需要多少电。有了这个预测后，就可以向发电或者供电企业购买一定数量的电。因为电有点像期货一样，提前买就会比较便宜，买现货就比较贵。通过这个预测，可以降低采购成本。

（2）丹麦的维斯塔斯风能系统（Vestas Wind Systems）运用大数据，系统依靠的是BigInsights 软件和 IBM 超级计算机，分析出应该在哪里设置涡轮发电机，事实上这是风能领域的重大挑战。在一个风电场 20 多年的运营过程中，准确的定位能帮助工厂实现能源产出的最大化。为了锁定最理想的位置，Vestas 分析了来自各方面的信息：风力和天气数据、湍流度、地形图、公司遍及全球的 2.5 万多个受控涡轮机组发回的传感器数据。这样一套信息处理体系赋予了该公司独特的竞争优势，帮助其客户实现投资回报的最大化。

3. 大数据应用案例之通信行业

法国电信——Orange 集团旗下的波兰电信公司 Telekomunikacja Polska 是波兰最大的语音和宽带固网供应商，希望以有效的途径来准确预测并解决客户流失问题。他们决定进行客户细分，方法是构建一张"社交图谱"——分析客户数百万个电话的数据记录，特别关注"谁给谁打了电话"和"打电话的频率"两个方面。"社交图谱"把公司用户分成几大类，如"联网型""桥梁型""领导型""跟随型"。这样的关系数据有助于电信服务供应商深入洞悉一系列问题，如：哪些人会对可能"弃用"公司服务的客户产生较大的影响？挽留最有价值客户的难度有多大？运用这一方法，该公司客户流失预测模型的准确率提升了 47%。

4. 大数据应用案例之网络营销行业

很多企业在做搜索引擎营销（Search Engine Marketing，SEM）的过程中，都有这样的感触：每年都会花费大量的预算在 SEM 推广中，但是因为关键词投入和产出无法可视化，常常花了很多钱却不见具体的回报。在竞争如此激烈的 SEM 市场中，企业需要一个高效的数据分析工具来尽可能地帮企业优化 SEM 推广，例如 BDP，来帮企业节省不必要的支出，提升整体的经营绩效。企业可借助数据平台提供的网络营销整合解决方案，打通各个搜索引擎营销、在线客服系统和 CRM 系统，营销竞价人员无须掌握复杂的编程技术，简单拖拽即可生成报表，观察每一个关键词的投入和产出，分析每一个页面的转化，有效降低投放成本。通过 BDP 实况分析数据，可以快速洞悉对手关键词的投放时段、地域及排名，并对其进行可视化的分析，实时监控自己和竞争对手的投放情况，了解对手的投放策略，支持自定义设置数据更新的时间点、监控频次和时段，及时调整策略（图 4-13）。知己知彼，才能百战不殆。

图 4-13　网络营销

资料来源：知乎

本章小结

本章主要介绍了大数据的基本概念、相关术语，大数据的成长，大数据的挑战与机遇，大数据技术框架，大数据在日常生活和工作中的应用等内容。通过本章的学习，对大数据有基础的认识，能在日常生活和工作中熟练应用大数据。

思考与练习

一、填空题

1. 大数据通常是大小在_____级或_____级的数据集。

2. 根据大数据处理的生命周期，大数据技术体系涉及_____、_____、_____、_____、_____、_____等几个方面。

3. 内存计算是指CPU直接从_____而不是读取数据，并进行_____、分析，它是对传统数据处理方式的一种加速。

4. 常见的可视化技术有_____、_____、_____、_____、_____等。

二、简答题

1. 简述大数据与云计算、物联网、互联网之间的关系。

2. 简述大数据在新时代面临的挑战与机遇。

3. 列举4～5个生活和工作中大数据的应用。

第5章
云计算

📑 **学习目标**

知识目标：

了解云计算的定义、特点、分类，云安全的概念，云安全存在的问题，云计算发展趋势；掌握云计算相关概念。

能力目标：

能列举云计算在日常生活和工作中的应用。

素养目标：

培养学生沟通交流、自我学习的能力。

👤 **案例导入**

云计算的九大案例

基于大数据计算能力，便可以预测出未来一小时内的路况，一个账号登录就可以实现全校教学信息共享，在手机上就可以查看台风的实时路径……我们梳理了各大云计算厂商的九个典型案例，窥一斑而见全豹，看看拥抱云计算，正在给我们的生活带来哪些不一样的变化。

1. 河北定州拥抱 Azure 云平台：公务员培训提速

随着微软 IT 学院、微软考试认证中心、微软技术实践中心三大项目全面落地定州，基于 Office 365 云平台，定州开发了新一代内部公务员培训系统，新系统通过 Exchange 为每个公务员分配了内部邮箱，确保培训人员能够及时接收培训计划和培训进度信息，还使用 SharePoint 构建了公务员培训平台，实现自主学习和考试认证。

案例导入：云计算的九大案例

新的在线培训系统上线后，"使用基于 Office 365 平台搭建的在线培训平台，培训资料制作、培训场地等硬性支出减少了，更大大节约了公务员现场参加集中培训的时间成本。"

2. 云上贵州公安交警云："最强大脑"一眼识别套牌车

作为国内首个运行在公安内网上的省级交通大数据云平台，贵州公安交警云平台由省公安厅交警总队采用以阿里云为主的云计算技术搭建，可为公共服务、交通管理、警务实

战提供云计算和大数据支持，有交通管理"最强大脑"之称。

现在，云平台的建立使机器智能识别成为可能，通过对车辆图片进行结构化处理并与原有真实车辆图片进行对比，车辆分析智能云平台能瞬间判别路面上的一辆车是假牌车还是套牌车。

3. 重庆亚马逊 AWS 联合孵化器基地助力中国创客

2015 年 12 月，重庆亚马逊 AWS 联合孵化器基地开园，入驻的创客团队可获得最高十万元无偿提供的启动资金，这也是亚马逊 AWS 在中国设立的第三个孵化器，是其在中西部地区设立的首个孵化器。

亚马逊 AWS 中国执行董事容永康介绍，将充分利用亚马逊 AWS 云计算平台和亚马逊 AWS 合作伙伴等资源，积极打造创业、融资、市场、技术等四大平台，为新创企业提供云服务、技术培训、业务技术辅导等孵化服务，并搭建新创企业与天使、VC 投资企业或个人的交流接触平台。

4. 阿里云分担 12306 流量压力

2015 年春运火车票售卖量创下历年新高，而铁路系统运营网站 12306 却并没有出现明显的卡滞，同阿里云的合作是关键之一。

12306 把余票查询系统从自身后台分离出来，在"云上"独立部署了一套余票查询系统。余票查询环节的访问量近乎占 12306 的九成流量，这也是往年造成网站拥堵的最主要原因之一。把高频次、高消耗、低转化的余票查询环节放到云端，而将下单、支付这种"小而轻"的核心业务仍留在 12306 自己的后台系统上，这样的思路为 12306 减负不少。

5. 玉溪华为教育云：基础教育教学的一场革命

2015 年 5 月 11 日，华为云服务玉溪基地开通运行暨玉溪教育云上线仪式举行，这是华为云服务携手玉溪民生领域的首次成功运用。

"玉溪教育云"是云南首个完全按照云计算技术框架搭建和设计开发的专业教育教学平台，该平台依托华为云计算中心，以应用为导向，积极探索现代信息技术与教育的深度融合，以教育信息化促进教育理念和教育模式创新，充分发挥其在教育改革和发展中的支撑与领域作用。

6. 浙江台风网：手机上"追台风"

2015 年，超强台风"灿鸿"来袭，数百万百姓在手机上"追台风"。

打开手机，进入支付宝的城市服务入口，将城市换成杭州，就能看到台风查询入口，进入后，即可看到浙江省水利厅发布的台风实时路径，台风以动画的方式慢慢飘移，图上有滚动的台风速度、经纬度、移动速度和近中心最大风力等。

"灿鸿"登陆前 2 天，已有 156 万人通过网站、支付宝客户端等查询台风路径信息，流量相比一周前暴涨了 30 余倍。浙江省水利厅早在 2012 年就将台风路径实时发布系统迁入阿里云，通过云计算的弹性应对峰谷访问量的巨大差异。

7. 中国电信建宁夏"八朵云"：打造"一带一路"新亮点

2015 年 12 月，宁夏政务云平台正式通过验收。该项目由中国电信宁夏公司与阿里云公司共同建设。

宁夏政务云平台上线运营，将承载政务云、社保云、民政云、卫生云、旅游云、教育云、商务云和家居云"八朵云"，以及全区各级部门业务应用系统的部署运行和安全保障，将有效提高城市管理效率，服务民生，提升自治区信息化服务水平，让"网上丝绸之路"成为中国向西开放的窗口、中阿商务的平台、信息汇集的中心，使丝路沿线国家互连互通、互惠互利、共同发展。

8.曙光"城市云"助推成都进入"城市云"时代

作为国内第一个同时为政务应用和科学计算服务的云计算中心，成都云计算中心已真正做到了消除信息孤岛、打破数据融合壁垒，通过整合城市各类数据达到协助提升政府在产业经济、城市管理、民生服务三大领域的管理与服务能力的目的。截至目前，成都云计算中心已成功完成成都市超过80%的政府数据融合，助推成都率先进入"城市云时代"。

2009年成都市政府与中科曙光签署合作协议后，国内第一个规模化、实用化的云计算中心在成都高新区开机启用，这是国内第一个商业化运营的云计算中心，同时也是国内第一个同时为政务应用和科学计算服务的中心。

9.浙江交通厅用阿里云大数据预测一小时后堵车

浙江省交通运输厅通过将高速历史数据、实时数据与路网状况结合，基于阿里云大数据计算能力，预测出未来一小时内的路况。结果显示，预测准确率稳定在91%以上，成为目前全球已公开的最优成绩。通过对未来路况的预测，交通部门可以更好地进行交通引导，用户也可以做出更优的路线选择。这被网友们称赞为一款"堵车预测神器"。

阿里云大数据计算服务（ODPS）为项目提供了分析支持，并有多位资深数据科学家参与了联合研发。对于浙江省内近1 300公里的高速路段，ODPS的强大计算能力可以在20分钟内完成历史数据分析，在10秒内完成实时数据分析。

互联网的快速发展给人们提供海量的信息资源，移动终端设备的不断丰富使得人们获取、加工、应用和向网络提供信息更加方便和快捷。信息技术的进步将人类社会紧密地联系在一起，世界各国政府、企业、科研机构、各类组织和个人对信息的"依赖"程度前所未有。

降低成本、提高效益是企事业单位生产经营和管理的永恒主题，因对"信息"资源的依赖，使得企事业单位不得不在"信息资源的发电站"（数据中心）的建设和管理上大量投入，导致信息化建设成本高，中小企业更是不堪重负。传统的信息资源提供模式（自给自足）遇到了挑战，新的计算模式已悄然进入人们的生活、学习和工作，它就是被誉为第三次信息技术革命的"云计算"。

5.1　云计算概述

云计算（Cloud Computing）是一个新名词，但不是一个新概念，从互联网诞生以来就

一直存在，业界目前并没有对云计算有一个统一的定义，也不希望对云计算过早地下定义，避免约束了云计算的进一步发展和创新。下面给读者一个较为全面的介绍。

微课：什么是云计算

5.1.1　云计算的由来

2006 年，Google 高级工程师克里斯托夫·比希利亚首次向 Google 董事长兼 CEO 施密特提出"云计算"的想法。在施密特的支持下，Google 推出了"Google 101 计划"，并正式提出"云"的概念，其核心思想，是将大量用网络连接的计算资源统一管理和调度，构成一个计算资源池向用户按需提供服务。

在计算机发明后相当长的一段时间内，计算机网络都还处于探索阶段。但是到了 20 世纪 90 年代以后，网络出现了爆炸式发展，随即进入了网络泡沫时代。在 21 世纪初期，正当互联网泡沫破碎之际，Web 2.0 的兴起，让网络迎来了一个新的发展高峰期。

在这个 Web 2.0 的时代，Flickr、MySpace、YouTube 等网站的访问量，已经远远超过传统门户网站。如何有效地为巨大的用户群体服务，让他们参与时能够享受方便、快捷的服务，成为这些网站不得不面对的一个新问题。

与此同时，一些有影响力的大公司为了提高自身产品的服务能力和计算能力而开发大量新技术。例如，Google 凭借其文件系统搭建了 Google 服务器群，为 Google 提供快捷的搜索速度与强大的处理能力。于是，如何有效利用已有技术并结合新技术，为更多的企业或个人提供强大的计算能力与多种多样的服务，就成为许多拥有巨大服务器资源的企业考虑的问题。

正是因为网络用户急剧增多，对计算能力的需求逐渐旺盛，而 IT 设备公司、软件公司和计算服务提供商能够满足这样的需求，云计算便应运而生。云计算发展由来如图 5-1 所示。

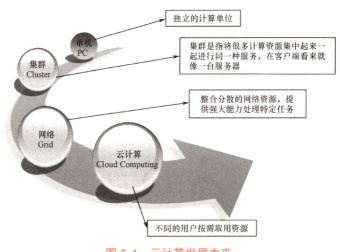

图 5-1　云计算发展由来

5.1.2　云计算的定义及特点

1. 云计算的概念

云计算的概念是在 2007 年提出来的。随后，云计算技术和产品通过 Google、Amazon、IBM 及微软等 IT 巨头们得到了快速的推动和大规模的普及，到目前为止，已得到社会的广泛认可。

云计算是一种商业计算模型，它将计算任务分布在大量计算机构成的资源池上，这种资源池称为"云"。云计算使用户能够按需获取存储空间及计算和信息服务。云计算的核心理念是资源池，这与早在 2002 年就提出的网格计算池（Computing Pool）的概念非常相似。网格计算池将计算和存储资源虚拟成一个可以任意组合分配的集合，池的规模可以动态扩展，分配给用户的处理能力可以动态回收重用。这种模式能够大大提高资源的利用率，提升平台的服务质量。

"云"是一些可以进行自我维护和管理的虚拟计算资源，这些资源通常是一些大型服务器集群，包括计算服务器、存储服务器和宽带资源。云计算将计算资源集中起来，并通过专门软件，在无须人为参与的情况下，实现自动管理。使用云计算的用户可以动态申请部分资源，以支持各种应用程序的运转，无须为烦琐的细节而烦恼，能够更加专注于自己的业务，有利于提高效率、降低成本和技术创新。

云计算中的"云"，表示它在某些方面具有现实中云的特征。例如：云一般都较大；云的规模可以动态伸缩，它的边界是模糊的；云在空中飘忽不定，无法也无须确定它的具体位置，但它确实存在于某处。

云计算是一种通过互联网访问定制的 IT 资源共享池，并按照使用量付费的模式，这些资源包括网络、服务器、存储、应用、服务等。借助云计算，企业无须采用磁盘驱动器和服务器等成本高昂的硬件，就能够随时随地开展工作。当前，有相当多的企业都在公有云、私有云或混合云环境中采用云计算技术。

不同的人群，看待云计算会有不同的视角和理解。可以把人群分为云计算服务的使用者、云计算系统规划设计的开发者和云计算服务的提供者三类。从云计算服务的使用者角度来看，云计算的概念如图 5-2 所示。

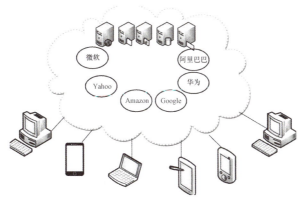

图 5-2　云计算的概念

云计算可以为使用者提供云计算、云存储及各类应用服务。云计算最典型的应用就是基于 Internet 的各类业务。云计算的成功案例有：Google 搜索、在线文档，微软的 MSN、必应搜索，Amazon 的弹性计算云（EC2）和简单存储服务（S3）等。

简单来说，云计算是以应用为目的，通过互联网将大量必需的软件、硬件按照一定的形式连接起来，并且随着需求的不断变化而灵活调整的一种低消耗、高效率的虚拟资源服务的集合形式。

2. 云计算的定义

到目前为止，云计算的定义还没有得到统一。这可能是由于云计算不同类别（公有云、私有云、混合云）的特征不同，难以得到标准的定义；同时，看待云计算的角度不同，对其定义也会不同。所以，本书引用美国国家标准与技术研究院（National Institute of Standards and Technology，NIST）的一种定义："云计算是一种按使用量付费的模式，这种模式提供可用的、便捷的、按需的网络访问，进入可配置的计算资源共享池（资源包括网络、服务器、存储、应用、服务），这些资源能够被快速提供，只需投入很少的管理工作或与服务供应商进行很少的交互。"

对于到底什么是云计算，有多种说法，至少可以找到 100 种解释。现阶段大众广为接受的是 NIST 的定义。通俗地讲，云计算要解决信息资源（包括计算机、存储、网络通信、软件等）的提供和使用模式，即由用户投资购买设备和管理促进业务增长的"自给自足"模式，向用户只需付少量租金就能更好地服务于自身建设的以"租用"为主的模式。

（1）云计算概念的形成。云计算概念的形成经历了互联网、万维网和云计算三个阶段，如图 5-3 所示。

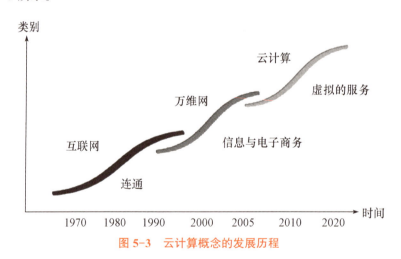

图 5-3　云计算概念的发展历程

互联网阶段：个人计算机时代的初期，计算机不断增加，用户期望计算机之间能够相互通信，实现互联互通，由此，实现计算机互联互通的互联网的概念出现。技术人员按照互联网的概念设计出目前的计算机网络系统，允许不同硬件平台、不同软件平台的计算机上运行的程序能够相互之间交换数据。这个时期，PC 是一台"麻雀虽小，五脏俱全"的小计算机，每个用户的主要任务在 PC 上运行，仅在需要访问共享磁盘文件时才通过网络访问文件服务器，体现了网络中各计算机之间的协同工作。思科等企业专注于提供互联网核心技术和设备，成为 IT 行业的巨头。

万维网阶段：计算机实现互联互通以后，计算机网络上存储的信息和文档越来越多。用户在使用计算机的时候，发现信息和文档的交换较为困难，无法用便利和统一的方式来发布、交换和获取其他计算机上的数据、信息和文档。因此，实现计算机信息无缝交换的万维网概念出现。目前全世界的计算机用户都可以依赖万维网的技术非常方便地进行网页浏览、文件交换等，同时，Netscape（网景）、Yahoo（雅虎）、Google 等企业依赖万维网的技术创造了巨量的财富。

云计算阶段：万维网形成后，万维网上的信息越来越多，形成了一个信息爆炸的信息时代。根据监测统计，2017 年全球的数据总量为 21.6 ZB，目前全球的数据以每年 40% 左右的速度增长，预计到 2020 年，全球的数据总量将达到 44 个 ZB，我国数据量将达到 8 060 个 EB，占全球数据总量的 18%。截至 2017 年年底，中国网页数量达到 2 604 亿个。如此大规模的数据，使得用户在获取有用信息的时候存在极大的障碍，如同大海捞针。同时，互联网上所连接大量的计算机设备提供超大规模的 IT 能力（包括计算、存储、带宽、数据处理、软件服务等），用户也难以便利地获得这些 IT 能力，导致 IT 资源的浪费。

众多的非 IT 企业为信息化建设投入大量资金购置设备、组建专业队伍进行管理，成本通常居高不下，是许许多多中小企业难以承受的。

于是，一种需求产生了，它就是通过网络向用户提供廉价的、满足业务发展的 IT 服务的需求，从而形成了云计算的概念。云计算的目标就是在互联网和万维网的基础上，按照用户的需要和业务规模的要求，直接为用户提供他们所需要的服务。用户无须自己建设、部署和管理这些设施、系统和服务。用户只需要参照租用模式，按照使用量来支付使用这些云服务的费用。

在云计算模式下，用户的计算机变得十分简单，用户的计算机除了通过浏览器给"云"发送指令和接收数据，基本上什么都不用做，便可以使用云服务提供商的计算资源、存储空间和各种应用软件。这就像连接"显示器"和"主机"的线缆无限长，从而可以把显示器放在使用者的面前，而主机放在计算机使用者本人也不知道的地方。云计算把连接"显示器"和"主机"的线缆变成了网络，把"主机"变成云服务提供商的服务器集群。

在云计算环境下，用户的使用观念也会发生彻底的变化：从"购买产品"向"购买服务"转变，因为他们直接面对的将不再是复杂的硬件和软件，而是最终的服务。用户不需要拥有看得见、摸得着的硬件设施，也不需为机房支付设备供电、空调制冷、专人维护等费用，并且不需要等待漫长的供货周期、项目实施等冗长的时间，只需要把钱汇给云计算服务提供商，将会马上得到需要的服务。

（2）不同角度看云计算。云计算的概念可以从用户、技术提供商和技术开发人员三个不同角度来解读。

用户看云计算：从用户的角度考虑，主要根据用户的体验和效果来描述，云计算可以

总结为：云计算系统是一个信息基础设施，包含有硬件设备、软件平台、系统管理的数据以及相应的信息服务。用户使用该系统的时候，可以实现"按需索取、按量计费、无限扩展和网络访问"的效果。

简单地说，用户可以根据自己的需求，通过网络去获得自己需要的计算机资源和软件服务。

这些计算机资源和软件服务直接供用户使用，无须用户做进一步的定制化开发、管理和维护等工作。同时，这些计算机资源和软件服务的规模可以根据用户业务变化和需求的变化，随时进行调整到足够大的规模。用户使用这些计算机资源和软件服务，只需要按照使用量来支付费用。

技术提供商看云计算：技术提供商对云计算的理解是，通过调度和优化技术，管理和协同大量的计算资源；针对用户的需求，通过互联网发布和提供用户所需的计算机资源和软件服务；基于租用模式的按量计费方法进行收费。

技术提供商强调云计算系统需要组织和协同大量的计算资源来提供强大的 IT 能力和丰富的软件服务，利用调度和优化技术来提高资源的利用效率。云计算系统提供的 IT 能力和软件服务针对用户的直接需求，并且这些 IT 能力和软件服务都在互联网上进行发布，允许用户直接利用互联网来使用这些 IT 能力和服务。用户对资源的使用，按照其使用量来进行计费，实现云计算系统运营的盈利。

技术开发人员看云计算：技术开发人员作为云计算系统的设计和开发人员，认为云计算是一个大型集中的信息系统，该系统通过虚拟化技术和面向服务的系统设计等手段来完成资源和能力的封装及交互，并通过互联网来发布这些封装好的资源和能力。

从云计算技术来看，它也是虚拟化、网格计算、分布式计算、并行计算、效用计算、自主计算、负载均衡等传统计算机和网络技术发展融合的产物，如图 5-4 所示。

图 5-4 云计算技术

1）虚拟化。虚拟化是一种资源管理技术，将计算机的各种实体资源（如服务器、网络、存储器等）予以抽象、转换后呈现出来，打破实体结构间的不可分割的障碍，使用户以比原本的组态更好的方式来应用这些资源。在虚拟化技术中，可以同时运行多个操作系统，而且每个操作系统中都有多个程序运行，每个操作系统都运行在一个虚拟的 CPU 或者虚拟主机上。

2）网格计算。网格计算是指分布式计算中两类广泛使用的子类型：一类是在分布式的计算资源支持下，作为服务被提供的在线计算或存储；另一类是由一个松散连接的计算机网络构成的虚拟超级计算机，可以执行大规模任务。

网格计算强调将工作量转移到远程的可用计算资源上，侧重并行地计算集中性需求，并且难以自动扩展。

云计算强调专有，任何人都可以获取自己的专有资源，并且这些资源是由少数团体提供的，使用者不需要贡献自己的资源；云计算侧重事务性应用，能够响应大量单独的请求，可以实现自动或半自动扩展。

3）分布式计算。分布式计算利用互联网上众多闲置计算机，将其联合起来解决某些大型计算问题。与并行计算同理，分布式计算也是把一个需要巨大计算量才能解决的问题分解成许多小的部分，然后把这些小的部分分配给多台计算机进行处理，最后把这些计算结果综合起来得到最终的正确结果。与并行计算不同的是，分布式计算所划分的任务相互之间是独立的，某一个小任务出错，不会影响其他任务。

4）并行计算。并行计算是指同时使用多种计算资源解决计算问题的过程，是为了更快速地解决问题、更充分地利用计算资源而出现的一种计算方法。并行计算通过将一个科学计算问题分解为多个小的计算任务，并将这些小的计算任务在并行计算机中执行，利用并行处理的方式达到快速解决复杂计算问题的目的，实际上是一种高性能计算。并行计算的缺点是由被解决的问题划分而来的模块之间是相互关联的，若其中一个模块出错，则必定影响其他模块，再重新计算会降低运算效率。

5）效用计算。效用计算是一种提供计算资源的技术，用户从计算资源供应商处获取和使用计算资源，并基于实际使用的资源付费。效用计算主要给用户带来经济效益，是一种分发应用所需资源的计费模式。对于效用计算而言，云计算是一种计算模式，它在某种程度上共享资源，进行设计、开发、部署、运行、应用，并支持资源的可扩展 / 收缩性和对应用的连续性。

6）自主计算。自主计算是美国 IBM 公司于 2001 年 10 月提出的一种新概念。IBM 将自主计算定义为"能够保证电子商务基础结构服务水平的自我管理技术"。其最终目的在于使信息系统能够自动地对自身进行管理，并维持其可靠性。自主计算的核心是自我监控、自我配置、自我优化和自我恢复。

①自我监控：系统能够知道系统内部每个元素当前的状态、容量及它所连接的设备等信息。

②自我配置：系统配置能够自动完成，并能根据需要自动调整。

③自我优化：系统能够自动调度资源，以达到系统运行的目标。

④自我恢复：系统能够自动从常规和意外的灾难中恢复。

7）负载均衡。负载均衡是一种服务器或网络设备的集群技术。负载均衡将特定的网络服务、网络流量等分担给多个服务器或网络设备，从而提高业务处理能力，保证业务的高可用性。常用的应用场景主要包括服务器负载均衡和链路负载均衡。

3. 云计算的特点

云计算的基本原理是令计算分布在大量的分布式计算机上，而非本地计算机或远程服务器中，从而使得企业数据中心的运行与互联网相似。云计算具备相当大的规模。例如，Google 云计算已经拥有 100 多万台服务器，Amazon、IBM、微软、Yahoo 等的"云"均拥有几十万台服务器。企业私有云一般拥有数百至上千台服务器。这些资源使"云"能赋予用户前所未有的计算能力。

云计算主要有五个特点：基于互联网、按需服务、资源池化、安全可靠和资源可控。

（1）基于互联网。云计算把一台台服务器连接起来，使服务器之间可以相互进行数据传输，数据就像网络上的"云"一样，在不同的服务器之间"飘"，同时通过网络向用户提供服务。

（2）按需服务。"云"的规模是可以动态伸缩的。在使用云计算服务时，用户所获得的计算机资源是按用户个性化需求增加或减少的，然后根据使用的资源量进行付费。

（3）资源池化。资源池是对各种资源进行统一配置的一种配置机制。从用户的角度来看，无须关心设备型号、内部的复杂结构、实现的方法和地理位置，只需关心自己需要什么服务即可。从资源管理者的角度来看，最大的好处是资源池可以几乎无限地增减，管理、调度资源十分便捷。

（4）安全可靠。云计算必须保证服务的可持续性、安全性、高效性和灵活性。对于供应商来说无法确保数据的安全性，必须采用各种冗余机制、备份机制、足够安全的管理机制和保证存取海量数据的灵活机制等，从而保证用户的数据和服务安全可靠；对于用户来说，只需要支付一笔费用，即可得到供应商提供的专业级安全防护，节省大量时间与精力。

（5）资源可控。云计算提出的初衷，是让人们可以像使用水电一样便捷地使用云计算服务，方便地获取计算服务资源，并大幅提高计算资源的使用率，有效节约成本，将资源在一定程度上纳入控制范畴。

4. 云计算的优缺点

云计算的优点表现在以下几个方面：降低用户计算机的成本；改善性能；降低 IT 基础设施投资；减少维护问题；减少软件开支；即时的软件更新；计算能力的增长；无限的存储能力；改善操作系统和文档格式的兼容性；简化团队协作；没有地点限制的数据获取。

云计算的缺点表现在以下几个方面：要求持续的网络连接；低带宽网络连接环境下不能很好地工作；反应慢；功能有限制；不能保证数据不会丢失。

5.1.3　云计算在生活中的应用

办公文档及相关资料不保存在本地硬盘、U 盘，而放在云盘；不用安装 QQ（MSN）软件，直接使用网页版 QQ（MSN）聊天的经历；不安装 Office 2010，注册 Office 365，在线使用 Word、Excel、PowerPoint；直接在视频网站上看完整部电视剧；不用工具书，而是使用网页版在线翻译……这些都是生活中云计算的应用，云计算就在我们的身边。云计算有以下四大应用领域。

1. 云交通

随着科技的发展，智能化的推进，交通信息化也在国家布局之中。通过初步搭建起来的云资源，统一指挥，高效调度平台里的资源，处理交通堵塞，应对突发事件的处理等其他事件效力都能有显著提升。

云交通是指在云计算之中整合现有资源，并能够针对未来的交通行业发展整合将来所需求的各种硬件、软件、数据。动态满足 ITS 中各应用系统，针对交通行业的需求——基础建设、交通信息发布、交通企业增值服务、交通指挥提供决策支持及交通仿真模拟等，交通云要能够全面提供开发系统资源平台需求，能够快速满足突发系统需求（图 5-5）。

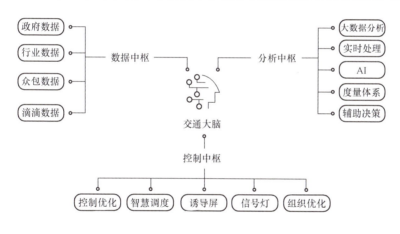

图 5-5　云交通

云交通的贡献主要在于借鉴全球先进的交通管理经验，打造立体交通，解决城市发展中的交通问题。

具体而言，将包括地下新型窄幅多轨地铁系统、电动步道系统，地面新型窄幅轨道交通，半空天桥人行交通、悬挂轨道交通，空中短程太阳能飞行器交通等。

云交通中心，将全面负责各种交通工具的管制，并利用云计算中心，向个体的云终端提供全面的交通指引和指示标识等服务。

2. 云通信

从现在各大企业的云平台，从我们身边接触的最多的例子来说，用得最多的其实就是各种备份。配置信息备份，聊天记录备份，照片等的云存储加分享，方便人们重置或者更

换手机的时候，一键同步，一键还原，省去不少麻烦。但是对于处于信息技术快速变革时代的我们来说，接触到的通信云远不止这些。

云通信是云计算概念的一个分支，指用户利用 SaaS 形式的瘦客户端（Thin Client）或智能客户端（Smart Client），通过现有局域网或互联网线路进行通信交流，而无须经由传统 PSTN 线路的一种新型通信方式。在现今光纤、4G、5G 等高速数据网络日新月异的年代，云通信给传统电信运营商带来了新的发展契机（图 5-6）。

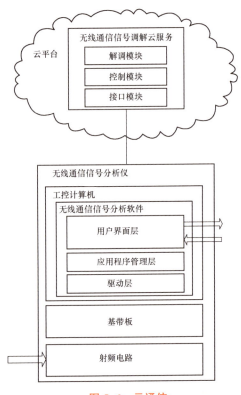

图 5-6　云通信

3. 云医疗

如今云计算在医疗领域的贡献让广大医院和医生均赞不绝口。从挂号到病例管理，从传统的询问病情到借助云系统会诊。这一切的创新技术，改变了传统医疗上的很多漏洞，同时也方便了患者和医生。

云医疗（Cloud Medical Treatment，CMT）是在云计算等 IT 技术不断完善的今天，像云教育、云搜索等言必语云的"云端时代"，一般的 IT 环境可能已经不适合许多医疗应用，医疗行业必须更进一步，建立专门满足医疗行业安全性和可用性要求的医疗环境——"云医疗"应运而生（图 5-7）。它是 IT 信息技术不断发展的必然产物，也是今后医疗技术发展的必然方向。

医疗云主要包括医疗健康信息平台、云医疗远程诊断及会诊系统、云医疗远程监护系统、云医疗教育系统等。

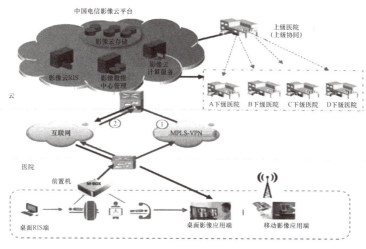

图 5-7 云医疗

4. 云教育

针对我国现在的教育情况来看，由于我国疆域辽阔，教育资源分配不均。很多中小城市的教育资源长期处于一种较为尴尬的地带。面对这种状况，部分国家已制定了相应的信息技术促进教育变革。目前，我国在这方面也在利用云计算进行教育模式改革，促进教育资源均衡化发展。

云计算在教育领域中的迁移称为"教育云"，是未来教育信息化的基础架构，包括教育信息化所必需的一切硬件计算资源，这些资源经虚拟化之后，向教育机构、教育从业人员和学员提供一个良好的平台，该平台的作用就是为教育领域提供云服务（图 5-8）。教育云包括成绩系统、综合素质评价系统、选修课系统、数字图书馆系统等。

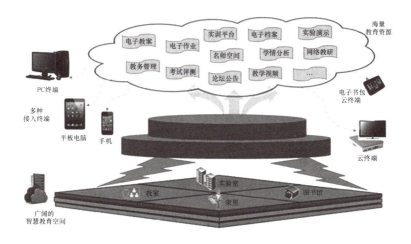

图 5-8 云教育

5.2　云计算相关概念

云计算旨在通过网络把多个成本相对较低的计算实体整合成一个具有强大计算能力的完美系统，并借助先进的商业模式把强大的计算能力发布到终端用户手中，它的一个核心理念就是通过不断提高"云"的处理能力，进而减少用户终端的处理负担，最终使用户终端简化成一个单纯的输入/输出设备，并能按需享受"云"的强大计算处理能力。

微课：云计算
相关概念

1. 云

描述商业模式的改变，客户（个人或企业）从购买产品向购买服务的转变，即客户看不到也不需要购买实体的服务器、存储、软件等，也不需要关心服务来自哪里，而是通过网络直接使用自己需要的服务和应用，形象地称为"云"。

"云"（The Cloud）是一些可以自我维护和管理的虚拟计算资源，通常为一些大型服务器集群，包括计算服务器、存储服务器、宽带资源等。云计算将所有的计算资源集中起来，并由软件实现自动管理，无须人为参与。这使得应用提供者无须为烦琐的细节而烦恼，能够更加专注于自己的业务，有利于创新和降低成本。

2. 网格计算

网格计算（Grid Computing）是分布式计算中两类比较广泛使用的子类型。一类是在分布式的计算资源支持下作为服务被提供的在线计算或存储。另一类是一个松散连接的计算机网络构成的虚拟超级计算机，可以用来执行大规模任务。网格计算的目的是通过任何一台计算机都可以提供无限的计算能力，接入浩如烟海的信息世界。

3. 云计算与网格计算的不同点

网格计算强调资源共享，任何人都可以作为请求者使用其他节点的资源，任何人都需要贡献一定资源给其他节点。网格计算强调将工作量转移到远程的可用计算资源上。云计算强调专有，任何人都可以获取自己的专有资源，并且这些资源是由少数团体提供的，使用者不需要贡献自己的资源。在云计算中，计算资源被转换形式去适应工作负载，它支持网格类型应用，也支持非网格环境，比如运行传统或 Web 2.0 应用的三层网络架构。

网格计算侧重并行的计算集中性需求，并且难以自动扩展。云计算侧重事务性应用，大量的单独的请求，可以实现自动或半自动的扩展。

4. 分布式计算

分布式计算是指在一个松散或严格约束条件下使用一个硬件和软件系统处理任务，这个系统包含多个处理器单元或存储单元，多个并发的过程，多个程序。一个程序被分成多个部分，同时在通过网络连接起来的计算机上运行。分布式计算类似于并行计算，但并行计算通常用于指一个程序的多个部分同时运行于某台计算机上的多个处理器上。所以，分布式计算通常必须处理异构环境、多样化的网络连接、不可预知的网络或计算机错误。

5. 效用计算

效用计算是一种分发应用所需资源的计算模式。云计算是一种计算模式，代表了在某种程度上共享资源进行设计、开发、部署、运行应用，以及资源的可扩展收缩和对应用连续性的支持。效用计算通常需要云计算基础设施支持，但并不是一定需要。同样，在云计算之上可以提供效用计算，也可以不采用效用计算。

6. 服务器集群

服务器集群是指将一组服务器关联起来，使它们在外界从很多方面看起来如同一台服务器。集群内的服务器之间通常通过局域网连接，通常用来改善性能和可用性，但一般而言比具有同等性能、功能和可用性的单台主机具有更低的成本。

7. 虚拟化

虚拟化是对计算资源进行抽象的一个广义概念。虚拟化对上层应用或用户隐藏了计算资源的底层属性。它既包括使单个的资源（比如一个服务器，一个操作系统，一个应用程序，一个存储设备）划分成多个虚拟资源，也包括将多个资源（比如存储设备或服务器）整合成一个虚拟资源。虚拟化技术是指实现虚拟化的具体的技术性手段和方法的集合性概念。虚拟化技术根据对象可以分成存储虚拟化、计算虚拟化、网络虚拟化等。计算虚拟化可以分为操作系统级虚拟化、应用程序级虚拟化和虚拟机管理器虚拟化。虚拟机管理器分为宿主虚拟机和客户虚拟机。

8. 云计算与超级计算机

超级计算机拥有强大的处理能力，特别是计算能力。2022 年 11 月 15 日，第 60 期全球超级计算机 TOP 500 强榜单重磅出炉，排名第一的是来自美国橡树岭国家实验室的 Frontier 前沿超算，它凭 1.102 EFlop/s（百亿亿次）的 HPL 得分傲视群雄，理论峰值性能是第二名 Fugaku 富岳超算的 3 倍多。

从超级计算机 500 强的排名方式可以看出，传统的超级计算机注重运算速度和任务的吞吐量，以运算速度为核心进行计算机的研究和开发。而云计算则以数据为中心，同时兼顾系统的运算速度。传统的超级计算机耗资巨大，远超过云计算系统。例如，趋势科技花费 1 000 多万美元租用 34 000 多台服务器，构建自身的"安全云"系统。云计算系统相比于超级计算机具有松耦合的性质，可以比较方便地进行动态伸缩和扩展，而超级计算机不易扩展、改造和升级。另外，云计算系统天生具有良好的分布性，超级计算机则不具有。

5.3　云计算的分类

近年来，有关云计算的术语越来越多，如私有云、混合云、行业云、城市云、社区云、电商云、HPC 云、云存储、云安全、云娱乐、数据库云、Cloud Bridge、Cloud Broker、Cloud Burst 等，可谓千奇百怪、五花八

微课：云计算的分类

门，但究竟怎样区分不同类别的云计算？不同的分类标准有不同的说法，以下从是否公开发布服务、服务类型、主要服务的产业等方面对云计算进行分类。

1. 按是否公开发布服务分类

按是否公开发布服务可分为公有云、私有云和混合云。它们之间的关系如图5-9所示。

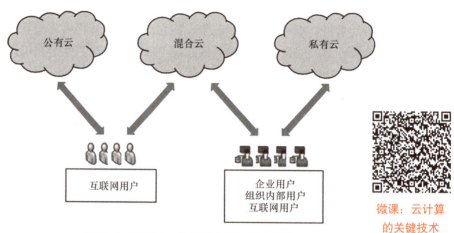

图 5-9　公有云、私有云和混合云的关系

（1）公有云（Public Cloud）。公有云是为大众而建的，所有入驻用户都称为租户。公有云不仅同时支持多个租户，而且当一个租户离开，其资源可以马上释放给下一个租户，能够在大范围内实现资源优化。很多用户担心公有云的安全问题，敏感行业、大型用户需要慎重考虑，但对于一般的中小型用户，不管是数据泄露的风险，还是停止服务的风险，使用公有云都远远小于自己架设机房。

（2）私有云（Private Cloud）。私有云只服务于企业内部，它被部署在企业防火墙内部，提供的所有应用只对内部员工开放。虽然公有云成本低，但是大企业（如金融、保险行业）为了兼顾行业、客户的隐私，不可能将重要数据存放到公共网络上，故倾向于架设私有云。

（3）混合云。混合云具有前两者的共同特点，既面向内部员工，又面向互联网用户。混合云是公有云和私有云的混合，这种混合可以是计算的、存储的，也可以两者兼而有之。在公有云尚不完全成熟，而私有云运维难、部署实践周期长、动态扩展难的现阶段，混合云是一种较为理想的平缓过渡方式，短时间内的市场占比将会大幅上升。并且，不混合是相对的，混合是绝对的。在未来，即使自家的私有云不和公有云混合，也需要不断调用内部的数据和服务与外部的数据和服务。并且还存在一种可能，即大型用户把业务放在不同的公有云上，相当于把鸡蛋放在不同篮子里，不同篮子里的鸡蛋自然需要统一管理，这也算广义的混合。

需要强调的是，没有绝对的公有云和私有云，由于立场、角度不同，私有也可能成为公有。未来的发展趋势是，二者会协同发展，你中有我，我中有你，混合云是必由之路。

以上三种云服务的特点和适合的行业见表5-1。

表 5-1　三种云服务的特点和适合的行业

分类	特点	适合的行业
公有云	规模化，运维可靠，弹性强	游戏、视频、教育
私有云	自主可控，数据私密性好	金融、医疗、政务
混合云	弹性，灵活但架构复杂	金融、医疗

2. 按服务类型分类

按服务类型分为基础设施即服务（Infrastructure as a Service，IaaS）、平台即服务（Platform as a Service，PaaS）和软件即服务（Software as a Service，SaaS）三类，如图 5-10 所示。

图 5-10　IaaS、PaaS、SaaS 关系

（1）IaaS。IaaS 将硬件设备等基础资源封装成服务供用户使用。在 IaaS 环境中，用户相当于在使用裸机和磁盘，既可以让它运行 Windows，也可以让它运行 Linux。

IaaS 最大优势在于它允许用户动态申请或释放节点，按使用量计费。而 IaaS 是由公众共享的，因而具有更高的资源使用效率，同时这些基础设施烦琐的管理工作将由 IaaS 供应商来处理。

IaaS 主要产品包括阿里、百度和腾讯云的 ECS，Amazon EC2（Amazon 弹性计算云）等。

IaaS 的主要用户是系统管理员。

（2）PaaS。PaaS 提供用户应用程序的运行环境，典型的如 Google App Engine。PaaS 自身负责资源的动态扩展和容错管理，用户应用程序不必过多考虑节点间的配合问题。但与此同时，用户的自主权降低，必须使用特定的编程环境并遵照特定的编程模型，只适用于解决某些特定的计算问题。

用户可以非常方便地编写应用程序，而且不论是在部署的时候，还是在运行的时

候，用户都无须为服务器、操作系统、网络和存储等资源的管理操心，这些烦琐的工作都由 PaaS 供应商负责处理。主要产品包括 Google App Engine、heroku 和 Windows Azure Platform 等，主要用户是开发人员。

（3）SaaS。SaaS 针对性更强，是一种通过互联网提供软件的模式。用户不用再购买应用软件，改向提供商租用基于万维网的软件来管理企业经营活动，且无须对软件进行维护，服务提供商会全权管理和维护软件。对于许多小型企业来说，SaaS 是采用先进技术的最好途径，它消除了企业购买、构建和维护基础设施与应用程序的需要。主要用户是应用软件用户。

注意：随着云计算的深化发展，不同云计算解决方案之间相互渗透融合，同一种产品往往横跨两种以上类型。

3. 按主要服务的产业分类

按主要服务的产业可分为农业云、工业云、商务云、交通云、建筑云等。本节以烟台恒势嘉承网络科技有限公司设计的智慧农业整体解决方案为例。

（1）农业云。农业云以云计算商业模式应用与技术为支撑，统一描述、部署异构分散的大规模农业信息服务，满足千万级的农业用户对计算、存储的可靠性、扩展性要求，实现按需部署或定制所需的农业信息服务，资源最优化和效益最大化，多途径、广覆盖、低成本、个性化的农业知识普惠服务，为用户带来一站式的智慧农业全新体验，助力农业生产标准化、规模化、现代化发展进程。

农业云平台是将国际领先的物联网、移动互联网、云计算等信息技术与传统农业生产相结合，搭建的农业智能化、标准化生产服务平台，旨在帮助用户构建起一个"从生产到销售，从农田到餐桌"的农业智能化信息服务体系，为用户带来一站式的智慧农业全新体验。农业云平台可广泛应用于国内外大中型农业企业、科研机构、各级现代化农业示范园区与农业科技园区，助力农业生产标准化、规模化、现代化发展进程。

农业云的发展应用对于促进我国农业信息化，加快新农村建设，提升农村生产力有着积极的作用，是实现乡村振兴战略的重要内容。

（2）工业云。工业的发展要靠技术创新。特别是数字化制造技术的普及，对传统企业的生产方式造成了巨大的冲击。我国中小企业数字化制造技术的应用上仍存在壁垒，主流的工业软件 90% 以上依靠引进，且价格昂贵；工业软件的运行也需要部署大量高性能计算设备；另外，企业搭建标准系统环境，需要配备专业技术人员，投入高昂的运维成本。数字化制造技术只有大型或超大型企业才能够用得起，占我国企业总数 90% 以上的广大中小型企业则与其无缘。

"工业云"正是要帮助中小企业解决上述问题，利用云计算技术，为中小企业提供高端工业软件。企业按照实际使用资源付费，极大程度地降低了技术创新的成本，加快了产品上市时间，提高了生产效率。

"工业云"帮助中小企业解决研发创新及产品生产中遇到的信息化成本高、研发效率低下、产品设计周期较长等多方面问题；缩小中小企业信息化的"数字鸿沟"，为中小企业信息化提供咨询服务、共性技术、支撑保障、技术交流和高效服务，对加速中小企业转型升级，推进"智慧工业"，具有重要的现实意义。

"工业云"为中小企业提供购买或租赁信息化产品服务，整合 CAD、CAE、CAM、CAPP、PDM、PLM 一体化产品设计及产品生产流程管理，并利用高性能计算技术、虚拟现实及仿真应用技术，提供多层次的云应用信息化产品服务。

近年来我国工业云已得到迅速发展，出现了北京工业云、山东工业云、西安工业云、贵州工业云等一大批工业云平台。

由于在产业发展水平、产业成熟程度等诸多方面存在差异，我国工业云发展与发达国家相比还存在一些差距，主要表现在三个方面。

首先，我国工业企业对工业云的理解和认识水平相对不足。前期信息化基础较好的企业，目前多数也尚未全盘谋划形成适合云端集成的业务流程，部门、企业、行业之间的数据壁垒普遍存在。前期信息化基础相对薄弱的企业，则对于信息技术的认识和应用水平瓶颈一直未能突破，对待工业云这一新鲜事物的关注度不高。但从全球来看，企业级云服务普及率不断上升，市场迅速发展壮大。

其次，我国工业云市场对接能力有待提升。我国目前的工业云平台还是以软件企业或者电信运营商为运营主体，商业模式还是延续传统思路，以有偿提供工业软件和计算服务为主，所提供服务也以通用功能为主，具体产品和服务的开发与工业过程联系不密切，不能满足不同行业对工业云的差异化需求。相比之下，美国工业云服务形成了相对完整的产业链条，整个市场已经进入成熟期，各垂直领域形成丰富应用。

最后，我国工业云发展环境仍有待优化。工业云发挥数据集成和流动促进的作用需要统一标准体系的支撑，我国目前行业间普遍存在的数据壁垒亟待破除，有关标准体系建设亟待完善。应更加注重标准制定，为工业云的应用推广奠定基础。

（3）商务云。商务广义上指一切与买卖商品服务相关的商业事务，狭义的商务特指商业或贸易。商务活动则是指企业为实现生产经营目的而从事的各类有关资源、知识、信息交易等活动的总称。

商务云是在云计算的基础上，通过云平台、云服务，将云计算的理念及服务模式从技术领域转移到商务应用领域，与传统产业的信息化和电子商务需求相结合，并提供服务的一种综合性"云"模式。商务云能有效提高商务活动的效率，降低信息化成本。

（4）交通云。交通云是基于云计算商业模式应用的交通平台服务，打造交通云中心，借鉴全球先进的交通管理经验，打造立体交通，彻底解决城市发展中的交通问题。在交通云平台上，所有的交通工具、管制中心、服务中心、制作商、行业协会、管理机构、行业媒体和法律机构等都集中整合成资源池，各个资源相互指引和互动，按需交流，达成意向，从而降低成本、提高效率。

（5）建筑云。建筑云是为建筑行业各类用户提供信息服务的云平台及相关服务的集合。

此外，还有政务云、金融云、教育云等，读者可以自己查阅，此处不再赘述。

5.4　云安全

云安全（Cloud Security）这一概念是紧随着云计算和云存储之后出现的。最早提出云安全这一概念的是趋势科技。2008 年 5 月，趋势科技在美国正式推出了云安全技术。云安全的概念在早期曾经引起过不小争议，如今已经被普遍接受。值得一提的是，中国网络安全企业在云安全的技术应用上走到了世界前列。云安全是网络时代信息安全的最新体现，它融合了

微课：云安全

并行处理、网格计算、未知病毒行为判断等新兴技术和概念，通过网状的大量客户端对网络中软件行为的异常进行监测，获取互联网中木马、恶意程序的最新信息，传送到服务器端进行自动分析和处理，再把病毒和木马的解决方案分发到每个客户端。

5.4.1　云安全的概念

云安全是指基于云计算商业模式应用的安全软件、硬件、用户、机构、云平台的总称。云安全是云计算技术的重要分支，已经在反病毒领域获得了广泛应用。在云计算的架构下，云计算开放网络和业务共享场景更加复杂多变，安全性方面的挑战更加严峻，一些新型的安全问题变得比较突出，如多个虚拟机租户间并行业务的安全运行、公有云中海量数据的安全存储等。由于云计算的安全问题涉及广泛，以下仅就几个主要方面进行介绍。

1. 用户身份安全问题

云计算通过网络提供弹性可变的 IT 服务，用户登录到云端使用应用与服务时，系统需要确保用户身份的合法性，才能为其提供服务。如果非法用户取得了用户身份，则会危及合法用户的数据和业务。

2. 共享业务安全问题

云计算的底层架构（IaaS 和 PaaS 层）是通过虚拟化技术实现资源共享调用的。虽然资源共享调用方案具有资源利用率高的优点，但是共享会引入新的安全问题，为确保资源共享的安全性，一方面需要保证用户资源间的隔离，另一方面需要制定面向虚拟机、虚拟交换机、虚拟存储等虚拟对象的安全保护策略，这与传统的硬件上的安全策略完全不同。

3. 用户数据安全问题

数据的安全性是用户最关注的问题，广义的数据不仅包括用户的业务数据，还包括用户的应用程序和用户的整个业务系统。数据安全问题包括数据丢失、泄露、篡改等。传统的 IT 架构中，数据是离用户很"近"的，数据离用户越"近"，则越安全。而云计算架构下，数据常常存储在离用户很"远"的数据中心中，需要对数据采用有效的保护措施，如多份复制、数据存储加密，以确保数据的安全。

5.4.2　云安全存在的问题

云安全存在的问题可以总结为以下七点。

1. 数据丢失 / 泄露

云计算中对数据的安全控制力度并不是十分理想，API 访问权限控制及密钥生成、存储和管理方面的不足都可能造成数据泄露，并且还可能缺乏保护数据安全所必要的数据销毁政策。

2. 共享技术漏洞

在云计算中，简单的错误配置都可能造成严重影响，因为云计算环境中的很多虚拟服务器共享相同的配置。因此必须为网络和服务器的配置执行服务水平协议（Service Level Agreement，SLA），以确保及时安装修复程序并实施最佳方案。

3. 内奸

云服务供应商对工作人员的背景调查力度可能超出了企业对数据访问权限的控制力度，尽管如此，企业依然需要对供应商进行评估并提出筛选员工的方案。

4. 账户、服务和通信劫持

很多数据、应用程序和资源都集中在云计算中，如果云计算的身份验证机制很薄弱，入侵者就可以轻松获取用户账号并登录用户的虚拟机，因此建议主动监控这种威胁，并采用双因素身份验证机制。

5. 不安全的应用程序接口

在开发应用程序方面，企业必须将云计算视为新的平台，而不是外包平台。在应用程序的生命周期中，必须部署严格的审核程序，制定规范的研发准则，妥善处理身份验证、访问权限控制和加密。

6. 没有正确运用云计算

在运用技术方面，黑客可能比技术人员进步更快，他们通常能够迅速部署新的攻击技术在云计算中自由穿行。

7. 未知的风险

透明度问题一直困扰着希望使用云计算服务的企业。因为用户仅能使用前端界面，不知道云服务供应商使用的是哪种平台或修复技术，所以无法评估供应商的安全性，无法确定某一特定供应商的信誉和可靠性。

此外，用户对云安全还有网络方面的担忧。有一些反病毒软件在断网之后，性能大大下降。在实际应用中，网络一旦出现问题，病毒破坏、网络环境等因素就会使云技术成为累赘。

5.5 云计算发展趋势

云计算被视为科技发展的下一次革命，它将带来工作方式和商业模式的根本性改变，已经成为推动企业创新的引擎。根据云计算的特性及现状，发现有以下几个发展趋势。

微课：云计算发展趋势

1. 云计算无处不在

过去几年，我们已经见到了云计算快速发展之趋势，云计算将以更快速的速度进入每个行业。云将会触及我们每个人的生活的方方面面，并且刺激出许多的创新。云将关系到每个人的生活、工作等。

2. 大数据与云将结合

近年大数据行业也迎来了井喷式的发展，面对大数据快速增加的存储需求，怎样才能解决这个难题呢？云无疑是存储需求最好的解决平台，首先，云计算能够提供灵活的扩展空间，同时，云计算还能够提供强大的计算能力，帮助企业发掘数据价值。

3. 云分析将发挥优势

利用云计算，可以帮助企业分析处理相关数据，发掘其商业价值，云分析潜在于每位消费者和每个商业领域。

4. 云将实现自动分析

企业业务部门借助云服务的资源，在云中创建自己的数据库，并可以根据其需求和预算选择数据库的规模和速度。

5. 云计算让世界变得智能化

近年来，人们看到很多东西变得"智能化"：智能手表、智能衣服、智能电器、智能汽车等，并且绝大多数的智能设备的软件都是在云端运行。今后更多依赖云计算的智能设备会走进人们的生活，给人们的生活带来更大的便捷和乐趣。

6. 云分析将改善人们生活

云分析能够利用城市环境信息来改善城市居民的生活条件，提高人们的生活水平。

7. 云将实现工业物联网

工业机械将通过互联网把数据传输到云中，以获得有关使用的情况，提高设备的使用效率。

在未来云计算市场上，越来越多的东西将会受到云的影响。云计算正在与我们的日常生活息息相关，而且云计算已经开始向医疗、政府、安防等行业市场拓展。我们有理由相信，随着云计算的深入发展，未来云计算市场将更加精彩。

拓展阅读

云计算赋能数字经济新发展

云计算是推动数字经济与实体经济深度融合的催化剂。近年来，中国云计算产业年增速超过 30%，是全球增速最快的市场之一。从互联网行业延伸到传统行业，云计算正成为赋能数字经济的创新平台和基础设施。

在数字经济时代，云计算将如何推动数字融合、助推创新发展？

算力普惠释放技术红利

什么是云计算？简而言之，云计算就是把电脑上所有的部件功能虚拟化，电脑的运算、存储、读写等功能均可通过网络访问数据中心的服务器来实现。由于云计算具有集约建设、资源共享、规模化服务、服务成本低等经济效益，它已成为数字经济时代的主要计算模式。

近年来，中国云计算市场规模保持迅猛增长，2021 年达到 3 229 亿元，增速为 54.4%。其中，国内云计算骨干企业在大规模并发处理、海量数据存储等关键核心技术和容器、微服务等新兴领域不断取得突破，部分指标已达到国际先进水平。

"借助阿里云，企业从买计算机到按需购买算力就能开始创业，带来了巨大的效率提升。随着更多企业觉醒，各行各业在云上对全生产要素的数字化，形成了风起云涌的数字化时代。"在 4 月 11 日举行的"2023 阿里云峰会"上，阿里巴巴集团董事会主席兼首席执行官、阿里云智能集团首席执行官张勇说，智能化时代带来算力爆发，阿里云将为人工智能时代提供良好算力基础和大模型能力，全面服务智能化进程。

中华人民共和国工业和信息化部数据显示，截至 2022 年年底，中国算力总规模达到 180 EFLOPS（每秒 18 000 京次浮点运算），存力总规模超过 1 000 EB，国家枢纽节点间的网络单向时延降低到 20 ms 以内，算力核心产业规模达到 1.8 万亿元。如何让算力更普惠，向更多行业和产业释放技术红利，是云计算持续赋能数字经济发展的关键。

对此，张勇表示，阿里云将进一步降价，开放核心产品免费试用，推动产业从传统 IT 向云计算转移。"未来，我们希望在阿里云上训练一个模型的成本能够降低到现在的十分之一，甚至是百分之一，让中小企业也能通过云平台获得人工智能大模型的能力和服务。"

大模型助力企业创新

2020 年，由谷歌旗下深度思维（DeepMind）公司研发的人工智能系统"阿尔法折叠 2"（AlphaFold2），精准地预测了蛋白质的三维结构。复旦大学浩清教授、人工智能创新与产业研究院院长漆远说，包括"阿尔法折叠 2"在内，近年来全球几乎每一项重大科学发现中，"计算"都扮演着越来越重要的角色。

"随着科学研究的深入和研究自由度的提升，人工智能正在开启科研新范式，过去无法计算的任务正成为可能，计算问题的复杂度也在呈指数级增长。"漆远说。

2022 年年底，美国人工智能公司 OpenAI 推出的大语言模型 ChatGPT，在人工智

能领域引发了新一轮的科技竞赛，多家国内外企业相继推出类似产品。在阿里云峰会上，阿里巴巴也正式推出其大语言模型——"通义千问"。

在演示中，通义千问可以创作诗歌小说、撰写邮件、生成营销策划方案等，还可以生成会议记录并自动总结会议纪要、生成待办事项。在生活场景中，通义千问能够根据用户需求生成歌单、和小朋友一起写故事等。据介绍，通义千问还将陆续嵌入电商、搜索、导航、文娱等场景。

"未来，每个企业都可以有自己的智能客服、智能导购、智能语音助手、文案助手、人工智能设计师、自动驾驶模型等。"阿里云智能首席技术官周靖人表示，阿里云将开放通义千问的能力，提供完备的算力和大模型基础设施，让包括创业公司在内的所有企业和机构更好地实现创新。

云计算应用渗透百业

中国信息通信研究院发布的《2022年中国云计算发展指数》显示，中国云计算应用已从互联网拓展至传统行业，其中2022年工业用云量占比已达到11.6%。

近年来，云计算应用正从互联网行业向政务、金融、工业、交通、物流、医疗健康等领域渗透，上云比例和应用深度大幅提升。

在湖北宜昌，"城市大脑"通过数字孪生和智能化技术结合，为交通疏导提供了数据决策支持。基于城市大脑打造的"宜键生命护航"，为120、119等特种车辆规划最优行进线路，最高能够节约50%的通行时间。

在阿里云峰会上，浙江杭州宣布启动建设首个立足杭州、面向全国的"杭州市算力中心"，进一步扩大杭州在云计算领域的领先地位。据了解，阿里云将助力"杭州市算力中心"，打造融合计算平台，提供通用计算、智能计算能力，深化人工智能技术在工业、服务业和农业的应用，推动新兴产业发展。

2021年，阿里巴巴集团发起了"少年云助学计划"，让6万多名中小学生用上了专属云电脑，在信息科技教学空间内学习43门特色课程。在助学计划的帮助下，青海牧民家的孩子可以体验大模型画画；浙江百年古村落的学生用智能作曲软件创作歌曲；杭州的小学生和四川南充的中学生开展了相距1 800多公里"共同读一本书"课程……

张勇介绍，少年云已进入了全球科技教育研究者的视野。下一步，少年云将与联合国教科文组织人工智能与教育教席共同探索未来人工智能学习空间，让更多乡村孩子用上更先进的计算机。

资料来源：https://www.xuexi.cn/lgpage/detail/index.html?id=10593078029221045274&amp；item_id=10593078029221045274

➤ 本章小结

　　本章主要介绍了云计算的基本概念，云计算的分类，云安全，云计算发展趋势等内容。通过本章的学习，对云计算有基础的认识，能在日常生活和工作中应用云计算。

➤ 思考与练习

一、填空题

1. 云计算概念的形成经历了＿＿＿＿＿、＿＿＿＿＿和＿＿＿＿＿三个阶段。

2. 自主计算的核心是＿＿＿＿＿、＿＿＿＿＿、＿＿＿＿＿和＿＿＿＿＿。

3. ＿＿＿＿＿是指将一组服务器关联起来，使它们在外界从很多方面看起来如同一台服务器。

4. 云计算按是否公开发布服务可分为＿＿＿＿＿、＿＿＿＿＿和＿＿＿＿＿。

5. 云计算按服务类型分为＿＿＿＿＿、＿＿＿＿＿和＿＿＿＿＿三类。

二、简答题

1. 简述云计算的特点。

2. 云计算有哪些优缺点？

3. 什么是网格计算？云计算与网格计算有哪些不同点？

4. 什么是云安全？云安全存在哪些问题？

5. 简述云计算发展趋势。

6. 列举 4～5 个生活和工作中云计算的应用。

第6章
虚拟现实

📑 学习目标

知识目标：

了解虚拟现实的定义，虚拟现实系统的组成，常用三维建模软件，虚拟现实开发平台，三维全景拍摄软件；掌握虚拟现实的技术特征。

能力目标：

能列举虚拟现实技术在日常生活和工作中的应用。

素养目标：

培养应用新一代信息技术求解本专业领域信息化问题的基本思维方法，以及表述该类问题的能力。

👤 案例导入

VR 让世界更精彩

2020 年 10 月 19 日上午，由国家工业和信息化部、江西省人民政府共同主办的"2020 世界 VR 产业大会云峰会"在江西南昌正式开幕（图 6-1）。

作为中国乃至全球虚拟行业科技创新发展的风向标，2020 世界 VR 产业大会聚焦行业发展趋势，锁定行业发展热点，展示最新技术成果，汇聚行业知名企业，成为虚拟现实行业饕餮（品牌）盛会。

图 6-1　2020 年世界 VR 产业大会云峰会

在此次大会上，我们可以看到 VR 解决方案在多个领域、行业得到极大的应用。比如在文化推广与保护领域，故宫博物院将基于分布在故宫各处的传感器实时获取故宫全体、全城数据，未来通过 5G+AR+ 人工智能 + 物联网对故宫实施智能化监测、预警、干预。利用 5G+AR+ 人工智能对故宫开展全面、科学、细致的保护工作，从而实现险情可防控、保护可提前的目标。华为推出华为 AR 地图，基于华为河图技术，在上海外滩、敦煌和北京一些单位，以及南昌等多个地方做好 AR 实现和 AR 河图落地，实现了毫米级精确的重现，使真实世界与虚拟世界无缝融合，将华为 AR/VR 生态全面开放，推进城市的 VR+ 文化旅游发展。

VR+ 党建应用作为新形态党政媒体的宣传方式，也在此次大会上大放异彩。多种党建系列学习产品、学习平台打破了传统的红色教育的时空限制，真实再现红色革命场景，为传统党建和红色教育探寻新思路和新方向。VR 技术提升了百年党史学习的主动性、高效性、便利性，达到深化党员学习教育成果的目的，向中国共产党成立 100 周年献礼。

人们在物质需求得到极大满足后，对精神需求的追求将在虚拟世界中得到全维度的实现。正如此次世界 VR 产业大会的主题一样，VR 让世界更精彩！

6.1　虚拟现实概述

6.1.1　虚拟现实的定义

20 世纪 60 年代，早在虚拟现实（Virtual Reality，VR）这个概念被创造和具象化之前，科学先驱们就开始了对相关技术的探索和研究。但直到 1987 年，虚拟现实一词才被创造出来。从此之后，从概念发展成产品，从实验室走向市场，普罗大众逐渐开始接受 VR 游戏，观看 VR 电影，深切地感受到这项技术的影响。

微课：什么是虚拟现实

那么，什么是虚拟现实呢？是指虚拟显示器，手势识别，还是立体化的音效？

虚拟现实，从根本上说，是一种基于可计算信息的沉浸式交互环境，是一种新型的人机交互接口。传统的人机交互接口，即通过键盘、鼠标、显示器等。VR 是由计算机或其他智能设备模拟生成一个虚拟环境（Virtual Environment，VE），在此环境中，用户可以感触到 VE 中的对象，将自身的各种信息传输回 VE，从而产生类似于人与真实世界交互的体验（图 6-2）。这就是所谓的"虚拟" — "现实"。

虚拟现实涉及计算机图形学、传感器、动力学、光学、人工智能等多个领域，是多媒体技术和三维技术高度发展之下的产物。21 世纪来临，立体显示、3D 图形渲染、动作捕捉、5G 等多代技术革新，促使了高实用性的 VR 设备诞生，大大提升了人们在视觉、听觉、触觉等多种感官上的刺激感受，VR 焕发出了新的生机。2016 年，以 HTC、微软、Facebook 为代表的科技巨头涌现出了 HTC Vive、Oculus Rift、PlayStation VR 等一系列优秀的产品。大批中国

图 6-2　学生使用 VR

企业也纷纷投身 VR 市场，比如 3Glasses 大朋 VR、Hypereal 等，VR 一体机带来了更为简便的沉浸体验。2019 年，华为重磅发布了 5G Cloud VR 服务，5G 的大带宽与低时延保障了云 VR 良好的用户体验。VR 将梦想变为现实，同时 AR（增强现实）、MR（混合现实）等技术也在扩充着人们对虚拟行业（XR）的认识。

如今，VR+ 党建、医疗、娱乐艺术、军事与航天工程、房地产开发与室内设计、工业仿真、文化旅游、游戏等领域充满了应用前景与广阔市场。据 Super Data 预测，2023 年全球 VR 产业规模将增长至 57 亿美元。VR 重新回到主流市场，走向全面发展期。

6.1.2　虚拟现实的技术特征

虚拟现实是人与计算机之间更为理想的一种交互方式。在与其他交互方式的比较中，我们可以发现，它具有非常突出的三大特征——沉浸感（Immersion）、交互性（Interaction）、想象力（Imagination）（图 6-3）。其中，沉浸感和交互性是决定 VR 系统的关键特征，是区别于其他系统的优势所在。

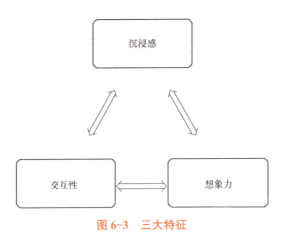

图 6-3　三大特征

（1）沉浸感。VR 系统根据人类感官特点，设计出逼真的虚拟场景（VE），再通过头

显、体感交互设备等，使用户仿若身处现实世界一样，在视觉、听觉、触觉上获得与现实世界相似的感受（图 6-4）。当用户转动头部，头显中的 VE 也跟随视线转动，360° 环绕着用户。当用户行走，VE 里的空间也跟随着变化，实际行走的距离等比例地体现在 VE 中。用户还可以听到立体声音，感受到虚拟物体从身后或身前发出的声音。通过体感设备，随着手势移动物体等。感知上如同现实世界一样，这就是 VR 带来的沉浸感。这是 VR 系统的最终目标，也是最高目标。其他两个特征是实现这一目标的基础，为实现沉浸感提供了有利的保证。

图 6-4　沉浸式 VR 游戏（图片来源：百度）

（2）交互性。VR 的交互性主要体现在突破传统的人机交互，可以通过特殊头盔、数据手套、手势控制器（图 6-5）等专用设备，产生一种近乎自然的交互。用户不再依靠计算机键盘、鼠标控制自身的运行或物体的控制。系统能够自动检测用户的手势、体势、语言等自然信息，从而判断对 VE 进行怎样的调整，达到控制 VE 中虚拟对象的效果。用户在使用过程中，获得的交互感受将大大提升。

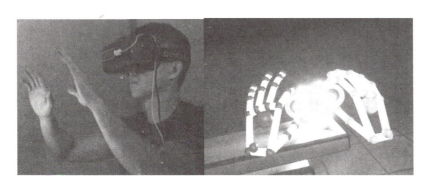

图 6-5　手势控制器

（3）想象力。VR 是三维技术高度发展的产物。人们在现实世界无法实现的梦想，于平常生活无法到达的地方都可以通过 VR 展现出来。而这就需要制作者极高的想象力。它并不是简单地对现实世界的复原，而是将虚幻与现实结合，将想象中的世界以高度仿真的

形式呈现出来，让用户可以感受到，而不是仅仅观看到（图6-6）。

图6-6　想象力

6.1.3　虚拟现实系统的组成

简单来说，虚拟现实系统（VR System）包括用户、人机接口和计算机三个部分。这里的人机接口主要指硬件端，包括了视觉、听觉、触觉等多种感官通道的实时模拟和交互设备，比如头盔式显示器（Head Mounted Display，简称头显）、数据手套、跟踪器、三维立体声音设备、传感器等；计算机则指软件及资源部分，一般包括了实景仿真器、应用系统、3D图形库等。按照目前VR硬件的形态，又可以划分为多种VR系统。根据硬件的组成不同，主要介绍两种常见的VR系统。

（1）外接式VR系统（图6-7）。外接式VR系统比较复杂，主要设备包括外接主机、匹配的头显设备、数据手套、屏幕、三维立体声音设备等。前面两者是必备项，后面的输出输入设备则是可选项。这种系统必需连接外部主机，以主机为运行和存储的"大脑"，其他设备满足主机的兼容条件，通过接口连接使用。外接式VR系统对主机的计算能力、立体显示画面的质量要求较高，所以通常会配置一台高端的图形工作站，而不是一般的主机。

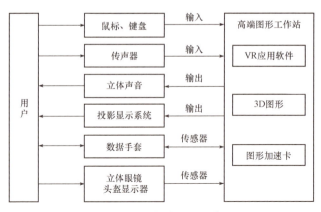

图6-7　外接式VR系统

正是由于设备的复杂，外接式 VR 系统是目前市面上技术含量最高、沉浸感最强、使用体验最佳的 VR 系统，是专业级或企业级 VR 用户的首选，适合比较大型的 VR 应用。这种 VR 设备被称为头盔式，比如 HTC Vive（图 6-8）、Oculus Rift、Sony Play Station VR、大朋 E2、3Glasses、雷蛇 OSVR、维拓科技蜂镜 K1、掌网星轮 VIULUX V1 等都属于这个类别。

图 6-8　头盔式 HTC Vive

（2）一体机式 VR 系统。一体机式 VR 系统不需要包含主机，因为一体机本身已经内置了一块运算芯片，可以脱离主机进行独立运算。这块芯片性能上大致相当于一台高端智能手机，虽然无法与电脑主机相比，但是这种一体机形态算得上是真正意义上的独立 VR 设备。它操作简便，易于携带，又不受空间和其他因素的影响，可随时随地开启 VR 状态。

整个系统即用户加一体机，还有配备的手柄、曲面屏等输入输出端。这种系统比较适合中小型 VR 应用，比如体验类的博物馆 VR 参观。一体机最先在国内市场兴起，第一批厂商也是国内企业，可以说是带有中国特色的 VR 产品。比如 Piconeo（图 6-9）、3Glasses Blubur、AMD Sulon Q、灵镜小黑、大朋 M2、Omimo、九又 VR 等。

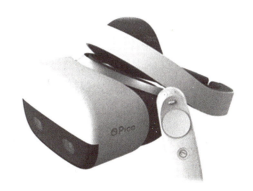

图 6-9　一体机 Piconeo

6.2　虚拟现实项目的开发

虚拟现实系统（VR System）的开发需要用到多种相关技术与软硬件。这些软硬件承

担着开发过程中建立虚拟场景、实现人机交互、开发应用等多种功能，用于项目需求、策划与设计之后的实现环节。这里主要介绍开发 VR 的 3 种技术方向。

6.2.1 三维建模软件

三维建模软件能够为虚拟现实系统提供三维模型、三维动画等虚拟场景资产。目前较为常见的软件包括 Autodesk 3ds Max、Maya、SketchUp 等。这些软件在动画、室内设计、工业设计等领域应用广泛。还有一些开源的建模软件，比如 Blender、Ayam、K-3D 等。这些软件易于获得，操作简单。

采用建模软件来构建三维场景，其开发的周期相对来说较长。虽然这要根据模型与场景的复杂程度来确定，但这种方式通常应用于对场景精细程度较高的系统。这里主要简述 Autodesk 3ds Max 的基本操作。

（1）建模。建模软件一般是利用一些基本的几何结构，比如立方体、线条等，通过变形、拉伸、布尔等操作来构建更为复杂的几何模型。3ds Max 中基本的建模方法有三种，多边形、面片及 NURBS 建模。目前主流方式是多边形建模，也可以说成是细分建模或网格建模。通过对模型网格的编辑加上细分修改器将可以得到你想要的任意形状模型。

（2）贴图和材质。模型创建后，要对其进行贴图，才能丰富模型的细节，给模型带来真实质感。3ds Max 中主要以材质球（Material）和贴图（Texture）两种形式塑造模型的质感。

（3）灯光与摄影机。当建模、材质贴图完成后，可以添加灯光和摄影机来刻画模型的造型、材质与体积感，并将搭建的三维场景更好地呈现出来。

（4）渲染。渲染往往是三维模型塑造的最后一步，使作品更加完整。3ds Max 有自带的渲染器及 Vray 等插件渲染器。

（5）动画。3ds Max 还可以进行动画设置，包括关键帧动画、路径与约束动画、表达式动画等。可以将模型的各种元素、属性等制作成动画。

6.2.2 虚拟现实开发平台

虚拟现实开发平台可以对模型、动画资产等进行有效组织，并实现交互，最后开发应用。目前较为常用的软件包括 Unity 3D、Unreal Engine、Virtools、Quest3D、Converse3D 等。这里以 Unity3D 为例，简述其主要功能。

（1）实时渲染。建模软件的渲染需要耗费大量时间。而用户在 VR 场景中漫游时需要看见场景的实时变化。Unity3D 可以实现场景中的图形数据地实时计算和输出。在 VR 系统中，实时渲染难免会产生一定的延迟性，如果差异过大，用户就会产生眩晕感。系统的实时渲染性能极大影响着用户的体验。

（2）物理引擎。Unity3D 中用来模拟真实世界中物体运动、碰撞、坠落等可能产生的物理效果的引擎被称为物理引擎。它可以模拟牛顿力学模型，使用质量、速度、摩擦力和空气阻力等变量，预测各种不同情况下物体可能产生的变化。

（3）多元交互。为满足不同的 VR 系统，Unity3D 可以开发多元交互方式，比如键盘、鼠标、操纵杆、数据手套、位置跟踪器、手势识别器、体感设备等。让用户既能通过键盘、鼠标控制物体，也能通过手势抓取物体，通过触摸屏幕的方向改变物体前进方向等。这是由于 Unity3D 开源的特点，使得多种设备接口兼容。

（4）多平台发布。Unity3D 支持多平台发布，比如 Windows、Mac、Iphone、Android、PS4 等，也支持 Mac 和 Windows 的网页浏览。安装好相应的 SDK 包，Unity3D 支持直接应用于 HTC Vive、Oculus Rift 等产品端的 VR 应用文件。

6.2.3　三维全景拍摄

三维全景是一种基于静态图像的 VR 技术，与三维建模不同，它使用全景相机环绕四周进行 360° 拍摄，将拍摄到的照片拼接成一个全方位、全角度的图像，这些图像可以构建成虚拟环境（VE），在 VR 系统或互联网上进行浏览或展示。这种开发方式制作流程短，交互简单。需要利用单反数码相机或全景相机拍摄实景照片，再由软件或平台进行特殊的拼合处理而生成真实场景。常用的设备比如全景摄像机、曼比利全景球形云台、单反相机、鱼眼镜头、脚架。常用的三维全景软件比如 WPanorama、Pixtra OmniStitcher、ADG Panorama Tools 等。这里以消费级 Insta360 ONE X 全景相机为例。

（1）手机端下载并安装好 Insta360 App，启动相机，完成手机与相机的连接。

（2）连接成功后，App 即可及时显示出拍摄的画面。点击相机，拍摄照片，点击摄像机，拍摄视频。再次点击，即可结束拍摄视频。点击左下角圆框，可看到两个文件夹。Local 文件与手机端相连，可直接在手机端查看与导出拍摄的图片或视频。Camera 文件位于相机端，可取出 SD 卡进行导出，也可先导入 Local，再从手机端导出。

（3）对 Local 下文件进行构图结构调整与滤镜编辑。最后导出到手机相册。

（4）电脑端安装 Insta360 Studio for ONE X，把导出的 .insp 格式照片导出成 .jpg 格式的全景图备用。

（5）进入 720 云 https://720yun.com/，注册账号并登录（图 6-10）。

图 6-10　720 云

（6）点击个人作品→发布→全景漫游，从本地文件添加，选择刚才保存的 .jpg 格式全景图，即可上传至 720 云服务器，实现网页端全景浏览。

（7）720 云展示，如图 6-11 所示。

图 6-11　720 云展示

拓展阅读

数字孪生应用技术员：用数字孪生连接"虚拟"与"现实"

走进位于重庆市永川区的一家影像科技公司的工作间，一座城市正在陈琛的电脑中"拔地而起"。

"这是数字孪生城市，真实的城市街景通过数字渲染'搬入'虚拟空间。不同于简单的立体模型，它还集成了基础设施、城市动静态等十余种数据，能够精准地刻画城市全貌，建成后能服务于智能城市管理。"陈琛告诉记者。

陈琛是一名数字孪生应用技术员，从事数字孪生业务已有三年。他介绍，数字孪生就是把现实中的静态物体、人及周边环境利用虚拟 3D 技术还原进电脑，再接入现实各类传感器数据，最后由 AR、VR 或各类屏幕等载体呈现出来的技术。

近年来，物联网、大数据、人工智能等技术的发展，让数字孪生应用的实现成为可能，2022 年 6 月，数字孪生应用技术员作为新职业被人力资源和社会保障部向社会公示。

据了解，数字孪生应用技术员是使用仿真技术工具和数字孪生平台，构建、运行维护数字孪生体，监控、预测并优化实体系统运行状态的人员。陈琛介绍，制作数字孪生体首先需要收集现实数据，一比一地复刻环境，再根据业务需求进行二次创作或扩展。例如制作城市交通类的数字孪生体时，除了搭建场景，还需要让程序接入各类车辆 GPS数据、交通路口信号、道路摄像头等，并在虚拟空间中还原车辆实时运行轨迹。

"相较于过往只展示单一方面的建模技术，数字孪生不仅能反映现实环境，还可通过虚拟拓展实现模拟、预测等。利用数字孪生，你可以在建筑建设过程中看到从开工到落成的工程全周期效果，也可以推算发生灾害时周边环境的情况，为支援救灾提供科学参考。"陈琛说。

近年来，我国数字经济的规模不断扩大。2021 年，我国数字经济规模达到 45.5 万亿元，中国信息通信研究院在 2021 年发布的《中国数字经济就业发展研究报告》指出，中国数字化人才缺口已接近 1 100 万，而且伴随着全行业数字化的快速推进，数字人才需求缺口还会持续加大。

陈琛所在的公司也担负着培养数字孪生技术人才的责任。目前，他们研发了一套完整的课程体系和实训流程，借助"重庆市大数据产业人才联盟"这一平台，与重庆理工大学、重庆文理学院等 10 余所高校长期合作，通过定向培养、订单培养、实习实训等方式，每年可输出技术人才约 1 000 人。

资料来源：https://www.xuexi.cn/lgpage/detail/index.html?id=18360220572396479956&amp；item_id=18360220572396479956

❯ 本章小结

本章主要介绍了虚拟现实的定义，虚拟现实的技术特征，虚拟现实系统的组成，虚拟现实项目开发的常用软件、技术。通过本章的学习，对虚拟现实有基础的认知，能对虚拟现实技术在工作和生活中的应用有所了解。

❯ 思考与练习

一、填空题

1. 虚拟现实涉及_____、_____、_____、_____、_____等多个领域，是多媒体技术和三维技术高度发展之下的产物。

2. 虚拟现实具有_____、_____和_____三大特征。

3. 虚拟现实系统包括_____、_____和_____三个部分。

4. 建模软件一般是利用一些基本的几何结构，比如_____、_____等，通过_____、_____、_____等操作来构建更为复杂的几何模型。

二、简答题

1. 简述虚拟现实的技术特征。

2. 什么是三维全景拍摄？

3. 列举 4 ～ 5 个虚拟现实技术在日常生活和工作中的应用。

第7章
计算机网络及应用

📝 学习目标

知识目标：

了解计算机网络的定义、分类，Internet 的产生与发展；熟悉 Internet 的接入方式；掌握网络协议与网络体系结构，计算机网络硬件系统与软件系统的组成，Internet 的地址、服务。

能力目标：

能在工作和生活中熟练应用计算机网络。

素养目标：

培养自觉地、充分地利用计算机网络解决生活、学习和工作中的实际问题，具有团队协作精神，善于与他人合作、共享信息，实现信息的更大价值。

👤 案例导入

航空航天中的网络

2021 年 6 月 17 日，神舟十二号载人飞船发射成功。

神舟十二号载人飞船在长征 2F 运载火箭的托举下，以一往无前之势冲入澄澈霄汉。

根据中国载人航天工程办公室发布的消息，航天员聂海胜、刘伯明、汤洪波乘神舟十二号载人飞船前往空间站天和核心舱。按计划，他们将在太空驻留长达三个月。

举国上下观看了发射升空震撼一幕，火箭各个分离动作一目了然、尽收眼底，未来，我们也将看到航天员们在飞船上的一举一动。

你是否会好奇，火箭上有多少个摄像头，它们都装在哪里，除了让我们一饱眼福，还有什么作用。

摄像头：中国长征家族系列火箭标配之路

国人第一次感受到中国火箭升空一刹那各助推器分离的视觉冲击，是在 16 年前。

2005 年 10 月 12 日，神舟六号发射，火箭上的摄像头拍下了从点火到船箭分离的全过程。

在火箭上安装摄像头并实时传输图像，不仅是中国载人航天发射的首次，在中国发射的所有运载火箭上也是第一次。

这个"第一次"，得益于两个方面的发展。

一是遥感技术。在前五次"神箭"的成功发射经验积累上，中国在遥测参数上进行优化，为图像传输提供足够的通道和空间，使得摄像头可将图像与遥测参数在发射时同步传输给地面。

二是图像压缩技术的发展。存储开销低（适合机载条件）、实时性强（时延小）、恢复图像质量好（失真小）的高倍视频数字压缩编码技术有不小的进步。

神舟六号的箭体上装载了两个摄像头，之后，神舟七号飞船发射任务的长征二号 F 型火箭加装了第三个摄像头。

此后，火箭上的摄像头越来越多。

中国运载火箭技术研究院所属北京宇航系统工程研究所图像测量系统主任设计师冯辉介绍，一枚火箭，少则有两三个，多则有十几个甚至数十个摄像头，如长二丙火箭有 2 个摄像头，长三甲火箭有 3 个摄像头，我国新一代运载火箭长征七号有 11 个摄像头，长征五号火箭则有 20 个摄像头。

摄像头都安装在哪里？

神舟六号箭体上的两个摄像头，分别安装在整流罩内和火箭二级芯体中间部位，火箭发射升空过程中，两个摄像头可对助推器分离、一二级分离、整流罩分离、箭船分离等动作进行跟踪拍摄，并实时传输到地面。

2016 年，长征七号运载火箭搭载了 11 个摄像头。4 个助推器的发动机尾舱各装 1 个，一级尾舱 2 个，二级仪器舱外壁 3 个，二级尾舱 2 个。

这些摄像头都发挥什么作用？

摄像头也叫作图像实时测量系统，它们主要的职责就是监视火箭飞行过程中的关键分离动作，包括助推器分离、级间分离、星箭分离等。

火箭内部的发动机工作情况和数据指标等，都需要由摄像头提供第一手的画面监控。

比如神舟六号发射时，运载火箭上安装的第三个摄像头，承担了四个重任：①监测主发动机工作情况；②监测 4 个游机的摆动情况；③监测二级尾舱的热情况；④监测二级增压管路做"铝改钢"技术改进后的效果。

长征七号摄像头达 11 个，可执行的任务也更多。

比如分别位于助推器和一级尾舱的摄像头，用于监测飞行过程中尾舱内的发动机和伺服机构，以及相应尾舱内的环境。

二级仪器舱外壁摄像头，观测飞行过程中助推器分离和一级分离动作。

仅有可见光的摄像头还不够，由于火箭对温度高度敏感，这就需要红外摄像头配合掌握它的实时情况。

在二级尾舱的两个摄像头装置，一个是可见光，一个是红外，也是为了观察级间分离的过程。

红外装置可以监视二级发动机在工作过程中的整个温度场分布，还有一个在整流罩内部，位于飞船支架上，观测飞行过程中有效载荷和火箭的分离。

计算机网络最早出现在20世纪60年代，经过几十年的发展，计算机网络的应用越来越普及，特别是在互联网广泛应用后，计算机网络已经无处不在。电子邮件、电子商务、远程教育、远程医疗、网络娱乐、在线聊天……网络信息服务已经渗入人们生活和工作的各个领域，网络在当今世界无处不在，它的发展促进了经济腾飞和产业转型，从根本上改变了人们的生活方式和价值观念。因此，学习计算机网络基础知识，对于了解计算机网络、熟练使用网络，以及解决使用网络中碰到的相关问题，具有极大的作用和意义。

7.1　计算机网络概述

7.1.1　计算机网络的概念

计算机网络是指通过各种通信设备和线路将地理位置不同且具有独立功能的计算机连接起来，用功能完善的网络软件实现网络中资源共享和信息传输的系统。计算机网络是计算机技术和通信技术发展结合的产物。计算机网络中的计算机既能独立自主地工作，同时也能实现信息交换、资源共享，以及各计算机间的协同工作。

由于计算机网络仍在不断发展，计算机网络的定义还将不断演进，但上述定义已经概括了网络的基本特征和功能，未来网络的发展只是其功能的进一步完善。

7.1.2　计算机网络的诞生与发展

1946年世界上第一台电子计算机诞生，计算机网络随着计算机技术的出现而出现，并伴随着计算机技术和通信技术的发展而发展，到现在计算机网络的发展已经经历了四代。

第一代计算机网络是以单个计算机为中心的远程联机系统。20世纪50年代中后期，许多系统将地理上分散的多个终端通过通信线路连接到一台中心计算机上，它的典型应用是由一台计算机和全美范围内2 000多个终端组成的飞机订票系统。因此，当时人们把计算机网络定义为"以传输信息为目的而连接起来，实现远程信息处理或进一步达到资源共享的系统"，但实际上这种形式的连接还不是真正的计算机网络，因为整个系统中仅有一台计算机。

第二代计算机网络以多个主机通过通信线路互连起来，为用户提供服务。20 世纪 60 年代的冷战时期，美国军方为了保证在战争中的领先地位，当时就使用电脑设备建立了军事指挥中心。1969 年，美国国防部开始建立一个命名为 ARPANET 的网络，把美国的几个军事及研究中心用电脑主机连接起来。虽然 ARPANET 比较简单，当初只连接了 4 台主机，但它是今天互联网的雏形。1983 年，已有 100 多台不同体系结构的计算机连接到 ARPANET 上。ARPANET 在网络概念、结构、实现和设计方面奠定了现在计算机网络的基础。

第三代计算机网络是具有统一的网络体系结构并遵循国际标准的开放性和标准化的网络。随着网络规模的不断扩大，同时为了共享更多的资源，需要把不同的网络连接起来，网络的开放性和标准化就变得重要起来，不少公司推出了自己的网络体系结构。1984 年国际标准化组织（International Organization for Standardization，ISO）正式颁布了开放系统互连参考模型（OSI/RM）的国际标准，该模型分为 7 层，被公认为新一代计算机网络体系结构的基础，为普及局域网奠定了基础。

第四代计算机网络从 20 世纪 80 年代末开始。在这个时期，计算机网络技术进入了新的发展阶段，互联网诞生并飞速发展，多媒体技术、智能网络、综合业务数字网络（ISDN）等迅速发展，计算机网络应用迅速普及，真正进入社会的各行各业，走进平民百姓的生活。

7.1.3　计算机网络的分类

有关计算机网络的分类没有一个统一的标准，有按覆盖的地理范围分类、按网络拓扑结构分类、按计算机网络的用途分类和按网络的交换方式分类等。下面介绍常见的几种分类方法。

1. 按覆盖的地理范围分类

（1）局域网：局域网覆盖范围小，分布在一个房间、一座建筑物或一个企事业单位内。地理范围一般在几千米以内，最大距离不超过 10 km。具有数据传输速度快、误码率低；建设费用低、容易管理和维护等优点。局域网技术成熟，发展迅速，是计算机网络中最活跃的领域之一。

（2）城域网：城域网作用范围为一个城市，地理范围为 5 ～ 10 km。一般为机关、企事业单位、集团公司等单位内部的网络。例如，一所学校有多个校区分布在城市的多个地区，每个校区都有自己的校园网，这些网络连接起来就形成一个城域网。

（3）广域网：广域网的作用范围很大，将分布在不同地区的局域网和城域网连接起来，网络所覆盖的范围从几十公里到几千公里，连接多个城市或国家，形成国际性的远程网络。其特点是传输速率较低、误码率高；建设费用很高；网络拓扑结构复杂。互联网就是最大的广域网。

2. 按拓扑结构分类

拓扑（Topology）是拓扑学中研究由点、线组成几何图形的一种方法。在计算机网络中，把计算机、终端和通信设备等抽象成点，把连接这些设备的通信线路抽象成线，并将由这些点和线所构成的拓扑称为网络拓扑结构。常见的有总线型、星型、树型和环型等拓扑结构，如图 7-1 所示。

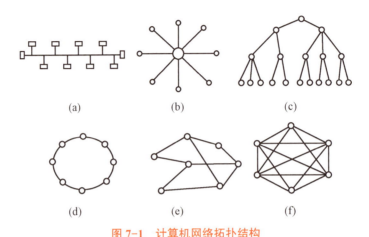

图 7-1　计算机网络拓扑结构
（a）总线型；（b）星型；（c）树型；（d）环型；（e）网状型；（f）全互联型

3. 按传输介质分类

根据传输介质的不同，主要分为有线网、光纤网和无线网。

（1）有线网：有线网是采用同轴电缆或双绞线连接的计算机网络。同轴电缆网是常见的一种联网方式，它比较经济，安装较为便利，传输率和抗干扰能力一般，传输距离较短。双绞线网是目前最常见的联网方式，它价格便宜，安装方便，但易受干扰，传输率较低，传输距离比同轴电缆要短。

（2）光纤网：光纤网也是有线网的一种，但由于其特殊性而单独列出，光纤网采用光导纤维作为传输介质。光纤传输距离长，传输速率高，可达数千兆 b/s，抗干扰性强，不会受到电子监听设备的监听，是高安全性网络的理想选择。但其成本较高，且需要高水平的安装技术。

（3）无线网：无线网用电磁波作为载体来传输数据，又可以分为 Wi-Fi 无线局域网和蜂窝无线通信两类。Wi-Fi 无线局域网是通过无线路由器接入互联网，家庭或单位只要已经接入互联网，那么只要再增加一台无线路由器，覆盖范围内的电脑和手机就都可以通过 Wi-Fi 无线局域网接入互联网。蜂窝无线通信本来是属于通信领域的内容。目前广泛使用的是第四代蜂窝移动通信技术（4G），并且在部分城市已经开展了第五代蜂窝移动通信技术（5G）的商用试点。

7.2 网络协议与网络体系结构

在网络系统中，计算机的类型、通信线路类型、连接方式、通信方式等的不同，导致了网络各结点的相互通信有很大的不便。要解决上述问题，必然涉及生产各网络设备的厂商共同遵守的通信标准问题，也就是计算机网络的协议和体系结构问题。

7.2.1 网络协议

在计算机网络中要做到正确交换数据，就要求所有设备都必须遵守一些事先约定好的规则，这些规则明确规定了交换数据的格式以及时序。这些为了在计算机网络中进行数据交换而建立的规则、标准或约定就是网络协议，简称协议。

为了简化网络协议的复杂性，网络协议的结构应该是分层的，每一层只实现一种相对独立的功能。分层可以带来很多好处如下。

（1）将复杂的通信系统分解为若干个相对独立的子系统，更容易维护。

（2）各层之间是相互独立的，每一层不关心它的下一层是如何实现的，只需要知道下一层提供的服务接口即可。

（3）某个层次发生变化时，只要层间的接口不变，就不会对其他层产生影响，这样有利于每个层次单独的维护和升级改造。

（4）每一层的功能和提供的服务有精确的说明，有利于标准化工作的实施，也有利于网络设备生产商提供通用的网络设备和软件。

7.2.2 OSI 参考模型

计算机网络各层协议的集合就是网络体系结构。由于各个公司的网络体系不一样，它们的网络设备之间很难通信。为了推进网络设备标准化的进程，ISO 于 1984 年公布了开放系统互连参考模型（Open System Interconnection，OSI）。

OSI 参考模型分为七层，从上到下分别为应用层、表示层、会话层、传输层、网络层、数据链路层、物理层，如图 7-2 所示。

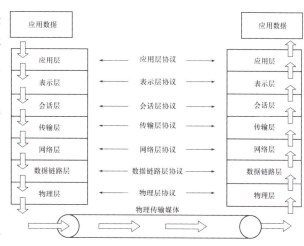

图 7-2 OSI 参考模型数据的发送和接收

按照 OSI 模型，网络上主机实现七层协议。当发送主机上的某应用进程要向接收主机上的某应用进程发送数据时，从上到下经过七层协议处理，直至物理层。数据连同各层报头组成的二进制位串从物理层发往传输介质，经传输介质和若干个通信设备，最后到达接收主机的物理层，接收主机再逐层向上传递，发送主机每层加的报头将在接收主机的对等层协议处理后被剥去，用户数据最后到达接收主机的应用进程。这种数据传输的原理与生活中的信件邮递的原理很相似，投递信件的用户通常不需要知道信件是通过火车还是汽车运输，也不需要知道途经了哪些城市等低层内容。

7.2.3 TCP/IP 协议

20 世纪 90 年代初期，整套的 OSI 国际标准才被全部制定出来。由于 OSI 协议制定周期过于漫长，此时基于另一套网络体系结构的 TCP/IP 协议已经抢先在全球大范围运行了，成了事实上的国际标准。TCP/IP 中的 TCP 是指传输控制协议（Transmission Control Protocol，TCP），IP 是指网际协议（Internet Protocol，IP），但并不是说 TCP/IP 协议只包含这两个，TCP/IP 是一整套网络通信协议簇。

TCP/IP 是一个四层协议体系结构，包括应用层、传输层、网络层和网络接口层。从图 7-3 中可以看到，对照 OSI 七层协议，TCP/IP 的上面三层是应用层、传输层和网络层。TCP/IP 的应用层组合了 OSI 的应用层和表示层，还包括 OSI 会话层的部分功能。

TCP/IP协议体系	OSI参考模型
应用层（各种应用层协议，如 Telnet、FTP、SMTP等）	应用层
	表示层
	会话层
传输层（TCP、UDP）	传输层
网络层（IP、ICMP）	网络层
	数据链路层
网络接口层	物理层

图 7-3　TCP/IP 协议与 OSI 参考模型比较

1. 网络接口层

网络接口层负责从网络上接收和发送物理帧及硬件设备的驱动，无具体的协议。

2. 网络层

网络层也称网际层，遵守 IP 协议，是整个 TCP/IP 协议中的核心部分，负责计算机之间的通信，处理来自传输层的分组发送请求，首次检查合法性，将数据报文发往适当的网络接口，解决寻址转发、流量控制、拥挤阻塞等问题。

3. 传输层

传输层可以使用两种不同的协议，遵守面向连接的传输控制协议 TCP 和无连接的用户数据报协议（User Datagram Protocol，UDP）。其功能是利用网络层传输格式化的信息流对发送的信息进行数据包分解，保证可靠传送并按序组合。

4. 应用层

应用层位于 TCP/IP 的最高层，它为用户提供各种服务，如远程登录服务（Telnet）、文件传输服务（FTP）、简单邮件传送服务（SMTP）等。

TCP/IP 可以运行在多种物理网络上，如以太网、令牌环网、FDDI 等局域网，又如 ATM、帧中继、X.25 等广域网。目前互联网上流行使用的设备大多遵循 TCP/IP 协议，所以 TCP/IP 已成为事实上的国际标准，也有人称它为工业标准。

7.3　计算机网络的组成

计算机网络系统由硬件系统和软件系统两大部分组成。

7.3.1　硬件系统

组成计算机网络的硬件系统一般包括计算机、网络互联设备、传输介质（可以是有形的，也可以是无形的）三部分。

1. 计算机

计算机网络中的计算机包括工作站和服务器，它们是网络中最常见的硬件设备。在网络中，个人电脑属于工作站，而服务器就是运行一些特定的服务器程序的计算机，简单地讲，工作站是要求服务的计算机，而服务器是可提供服务的计算机。服务器在性能和硬件配置上都比一般的计算机要求更高，它是网络中实施各种管理的中心。网络中共享的资源大部分都集中在服务器上，同时服务器还要负责管理系统中的所有资源，管理多个用户的并发访问等。根据在网络中所起的作用不同，服务器可分为文件服务器、域名服务器、数据库服务器、打印服务器和通信服务器等。

2. 网络互联设备

将网络连接起来要使用一些中间设备，以下是在组网过程中经常要用到的网络互联设备。

（1）网络适配器。网络适配器（Network Interface Card，NIC）俗称网卡，它是计算机与网络之间最基本也是必不可少的网络设备。网卡负责发送和接收网络数据，计算机要连接到网络，就必须在计算机中安装网卡。根据网卡的工作速度可以分为 10 Mb/s、100 Mb/s、10/100 Mb/s 自适应和 1 000 Mb/s 几种

（2）中继器。中继器（Repeater）是局域网中所有结点的中心，它的作用是放大信号和再生信号以支持远距离的通信。在规划网络时，若网络传输距离超出规定的最大距离，就要使用中继器来延伸，中继器在物理层进行连接。

（3）集线器。集线器（Hub）是一种特殊的中继器，用于局域网内部多个工作站与服务器之间的连接，是局域网中的星型连接点。随着交换机价格的降低，现在集线器已经被交换机所淘汰。

（4）交换机。交换机（Switch）是计算机网络中用得最多的网络中间设备，它提供许多网络互连功能。计算机网络的数据信号通过网络交换机将数据包从源地址送到目的端口。传统交换机属于OSI第二层，即数据链路层设备。近几年，交换机为提高性能做了许多改进，其中最突出的改进是虚拟网络和三层交换，现在的三层交换机完全能够执行传统路由器的大多数功能。

（5）路由器。路由器（Router）是一种负责寻找网络路径的网络设备，用于连接多个逻辑上分开的网络，属于OSI网络层设备。路由器中有一张路由表，这张表就是一张包含网络地址及各地址之间距离的清单。利用这张清单，路由器负责将数据从当前位置正确地传送到目的地址，如果某一条网络路径发生了故障或堵塞，路由器还可以选择另一条路径，以保证信息的正常传输。

3. 传输介质

传输介质也称为传输媒体或传输媒介，是传输信息的载体，即通信线路。它包括有线传输介质和无线传输介质（如微波、红外线、激光和卫星等）。有线传输介质有同轴电缆、非屏蔽双绞线（UTP）、屏蔽双绞线（STP）和光缆等，其形状如图7-4所示。

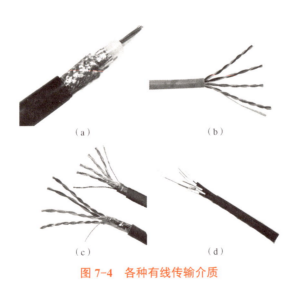

（a）　　　　　　　　　（b）

（c）　　　　　　　　　（d）

图7-4　各种有线传输介质

（a）同轴电缆；（b）非屏蔽双绞线；（c）屏蔽双绞线；（d）光缆

（1）同轴电缆。同轴电缆由四部分组成，中心的芯是一根铜线，外面有网状的金属屏蔽层导体，铜芯和屏蔽层中间加绝缘材料，最外面加塑料保护层。常见的同轴电缆有两种：50 的基带同轴电缆用于数字传输，速度为 10 Mb/s，传输距离可达 1 000 m；75 的宽带同轴电缆用于模拟传输，速度为 20 Mb/s，传输距离可达 100 km。目前同轴电缆以太网几乎已被双绞线以太网取代，长距离电话网的同轴电缆几乎已被光纤取代，宽带同轴电缆广泛用于将电视信号引入各家各户，即有线电视网。

（2）非屏蔽双绞线。非屏蔽双绞线（Unshielded Twisted Pair，UTP）根据等级标准可分为 3、4、5、超 5 和 6 类线。广泛使用于以太网的短距离（一般为 100 m 以内）传输中，双绞线具有尺寸小、质量小、容易弯曲和价格低等优点，其 RJ-45 连接器牢固、可靠，并且容易安装和维护。与屏蔽双绞线相比，因其没有屏蔽层，非屏蔽双绞线有抗干扰能力较弱和传输距离比较短的缺点，不适宜干扰较强的环境和远距离传输。

（3）屏蔽双绞线。屏蔽双绞线（Shielded Twisted Pair，STP）与非屏蔽双绞线的区别在于，屏蔽双绞线采用金属作为屏蔽层，传输质量较高，抗干扰性强，因此可用于室外和干扰较强的环境，但屏蔽双绞线不易安装，如果安装不合适有可能引入外界干扰。

（4）光缆。光缆是由一组光导纤维组成的用来传播光束的、细小而柔韧的传输介质。光缆为圆柱形，它包括三部分：最里面是芯子即光纤，光纤是极细的（2 ～ 125 μm）玻璃或塑料纤维；每根光纤外面包有玻璃或塑料包层，包层的光学性质与光纤不同；最外面是由塑料和其他材料组成的套管，套管起防水、防磨损和防挤压的作用。几根这样的光缆常常合在一起，最外面再加护套。根据光在光纤中的传播方式，光纤分为多模光纤和单模光纤两种类型，从用户的使用角度来看，它们之间的区别就是传输距离不一样，单模光纤的传输距离能够达到几十千米，而多模光纤只能达到几百米至几千米。与其他传输介质相比，光缆有传输速率高、传输距离远、传输损耗低和抗干扰能力强等优点，缺点是价格相对较高、安装和维护的要求（仪器和技术要求）较高。目前光缆已广泛用于长距离的电话网和计算机网中。

（5）无线传输介质。无线传输介质是指在两个通信设备之间不使用任何物理连接器，通常这种通信通过空气进行信号传输，地球上的大气层为大部分无线传输提供了物理通道。无线传输介质可以应用于不适宜布线的场合，根据频率的不同，无线传输介质可以分为微波、红外线、激光和卫星通信等。

不同的传输介质具有不同的特点，以上各种介质目前广泛应用于各种计算机网络当中。随着计算机网络的发展和传输介质制造技术的进步，有人预言将来只有两种传输介质——光纤和无线。

7.3.2　软件系统

计算机系统是在软件系统的支持和管理下进行工作的，计算机网络也同样需要在网络软件的支持和管理下才能进行工作。计算机网络软件包括网络操作系统、网络协议软件和网络应用软件。

1. 网络操作系统

网络操作系统（Network Operate System，NOS）是管理网络硬件、软件资源的灵魂，是向网络计算机提供服务的特殊操作系统，是多任务、多用户的系统软件，它在计算机操作系统的支持下工作。网络操作系统的主要功能是负责对整个网络资源的管理，以实现整个系统资源的共享；实现高效、可靠的计算机间的网络通信；并发控制在同一时刻发生的多个事件，及时响应用户提出的服务请求；保证网络本身和数据传输的安全可靠，对不同用户规定不同的权限，对进入网络的用户提供身份验证机制；提供多种网络服务功能，如文件传输、邮件服务、远程登录等。

目前常用的网络操作系统有四类：NetWare、Windows、UNIX 和 Linux。

NetWare 由 Novell 公司设计，是一个开放高效的网络操作系统，其设计思想成熟且实用，并且对硬件的要求较低。它包括服务器操作系统、网络服务软件、工作站重定向软件和传输协议软件四部分。

Windows 系列网络操作系统由 Microsoft 公司设计，是目前发展最快的高性能、多用户、多任务网络操作系统，主要有 Windows NT 4.0、Windows 2000 Server/Advance Server、Windows Server 2003/Advance Server、Windows Server 2008、Windows Server 2012、Windows Server 2016 等系列产品。Windows 系列网络操作系统采用客户机 / 服务器模式并提供图形操作界面，是目前使用较多的网络操作系统。

UNIX 和 Linux 是互联网上服务器使用最多的操作系统，其功能强大、稳定、安全性高的特点使其在服务器操作系统中具有绝对的优势。这些网络操作系统具有丰富的应用软件支持和良好的网络管理能力。安装 UNIX 或 Linux 系统的服务器可以和安装 Windows 系统的工作站通过 TCP/IP 协议进行连接，目前，一些大公司网络、银行系统等大多采用 UNIX 或 Linux 网络操作系统。

2. 网络协议软件

在计算机网络中常见的协议有 TCP/IP、IPX/SPX、NetBIOS 和 NetBEUI。

TCP/IP 是目前最流行的互联网连接协议，OSI/RM 只是一个协议模型，而 TCP/IP 是实用的工业标准，它主要应用于互联网，在局域网中也有较广泛的应用。IPX/SPX 是 Novell 公司开发的专用于 NetWare 网络的协议，运行于 OSI 模型第三层，具有可路由的特性。NetBEUI 协议是一种短小精悍、通信效率高的广播型协议，安装后不需要进行设置，特别适合于在"网上邻居"传送数据。

3. 网络应用软件

网络应用软件有很多，它的作用是为网络用户提供访问网络的手段及网络服务、资源共享和信息的传输等各种业务。随着计算机网络技术的发展和普及，网络应用软件也越来越丰富，如浏览器软件、文件传输软件、电子邮件管理软件、游戏软件、聊天软件等。

7.4　Internet

Internet 是采用 TCP/IP 协议连接的计算机网络的网络集合，不是一个实体网，而是一个网际网。Internet 意为"互联网"，也叫"因特网"，这是一个专有名词，指的是当前世界上最大的、开放的、采用了 TCP/IP 协议族的计算机网络，它的出现标志着网络时代的到来。

微课：**Internet**

7.4.1　Internet 的产生与发展

1. Internet 的诞生

在 1969—1983 年，美国国防部高级研究计划署（Advanced Research Project Agency，ARPA，简称"阿帕"）大力支持发展各种不同的网络互联技术，投资研究、制定了一组通信协议 TCP/IP 作为阿帕网（ARPANET）的第二代协议标准。到 1983 年年初，ARPANET 上所有主机完成了向 TCP/IP 协议的转化，这意味着所有使用 TCP/IP 协议的计算机都能够相互通信，也标志着 Internet 诞生了。

1989 年，欧洲核子研究组织（Conseil Européen pour la Recherche Nucléaire，CERN）成功开发了 WWW 技术，为 Internet 实现广域超媒体信息截取 / 检索奠定了基础。WWW 技术对 Internet 的发展起了关键的作用，成为 Internet 发展中的一个重要的里程碑。从此，Internet 的应用深入人心，到今天，WWW 几乎成了 Internet 的代名词。

在 20 世纪 90 年代以前，Internet 不以营利为目的，其使用一直仅限于研究与学术领域。Internet 商业化服务提供商的出现，使工商企业终于可以堂堂正正地进入 Internet，商业机构一踏入 Internet，就发现了它在通信、数据检索、客户服务等方面的巨大潜力，世界各地无数的企业及个人纷纷涌入 Internet，带来 Internet 发展史上一个新的飞跃。

2. Internet 在中国的发展

1993 年 3 月，经电信部门的大力配合，开通了由中国科学院高能物理研究所到美国斯坦福直线加速器中心的高速计算机通信专线，1994 年 5 月，高能物理研究所的计算机正式进入了 Internet。与此同时，以清华大学为网络中心的中国教育科研网（简称 CERNET）也于 1994 年 6 月正式连通 Internet。1996 年 6 月，中国最大的 Internet 互联子网中国公用计算机互联网（简称 ChinaNet）也正式开通并投入运营。从此，在中国兴起了研究、学习和使用 Internet 的浪潮，各种人型的计算机网络开始建设和发展起来，出口带宽越来越宽，连通的国家越来越多。

截至 2019 年 6 月，我国网络购物用户规模达 7.39 亿，占网民整体的 74.8%。除了网络购物，还有网络视频、在线教育、在线政务都在迅速发展。网络视频已成为人们的重要娱乐手段；"互联网 + 教育"促进了优质教育资源共享和各地区教育的均衡；政务服务办事大厅线上线下融合发展，一体化在线政务服务正逐步实现。

7.4.2　Internet 的接入

任何需要连接 Internet 的计算机都必须通过某种方式与 Internet 进行连接。Internet 接入技术的发展非常迅速，带宽由最初的 14.4 Kb/s 发展到目前的 100 Mb/s，甚至 1 000 Mb/s；接入方式也由过去单一的电话拨号方式发展成现在多种多样的有线和无线接入方式；接入终端也开始向移动设备发展，并且更新更快的接入方式仍在继续研究和开发中。下面介绍几种比较常见的 Internet 接入方式。

1. PSTN 接入

通过公用电话交换网（Public Switched Telephone Network，PSTN）接入 Internet 是个人家庭用户最早使用的方式，这种方式要求用户通过一个调制解调器（Modem）连接电话线进入 PSTN，再连到 Internet 服务提供商（Internet Service Provider，ISP）的主机系统，该主机再用有线方式接入 Internet。这种方式网络连接速度较低，且很不稳定，目前这种接入技术已很少使用。

2. ADSL 接入

非对称数字用户线路（Asymmetric Digital Subscriber Line，ADSL）是通过现有普通电话线为家庭、办公室提供宽带数据传输服务的技术。ADSL 的下行带宽远远大于上行带宽，这也是"非对称"这个名词的由来。

3. Cable-Modem 接入

线缆调制解调器（简称 Cable-Modem）接入是利用现有的有线电视（cable television，CATV）网进行数据传输的 Internet 接入方式。

4. 光纤接入

光纤到户（Fiber To The Home，FTTH），把光纤一直铺设到用户家庭，使用户获得最高的上网速率，可以在网上流畅地观看高清视频节目。企业一般都建有自己的局域网（Local Area Network，LAN），LAN 通过光纤接入 ISP，实现局域网内的所有用户都能连接到 Internet。这种使用光纤接入的方式能达到 10 Mb/s、100 Mb/s，甚至 1 000 Mb/s 的高速带宽，且传输距离远、损耗低、抗干扰能力极强。

5. 无线接入

无线接入是目前比较流行的一种 Internet 接入方式，即终端设备使用无线传输介质来上网，如通过无线 Wi-Fi 或 4G 技术上网就是典型的无线接入技术。这些技术主要是通过无线路由器或移动基站来提供信号覆盖范围内的终端上网功能。

7.4.3　Internet 的地址

1. IP 地址

（1）IP 地址的概念。在互联网上，每台主机为了和其他主机进行通信，必须有一个地址，这个地址称为 IP 地址，IP 地址确定主机在互联网上的位置，且必须是唯一的。

一个 IP 地址由 32 位二进制数字组成，通常被分为 4 段，段与段之间以小数点分隔，每段 8 位（1 个字节）。为了便于表达和识别，IP 地址一般用 4 个十进制数（每两个数之间用一个小数点 "." 分隔）来表示，即用 "点分十进制数" 表示 IP 地址，每段整数的范围是 0 ～ 255。图 7-5 所示为 IP 地址 61.153.34.28 与 32 位二进制数表示的 IP 地址之间的对应关系。

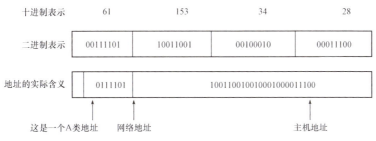

图 7-5　IP 地址 61.153.34.28 与 32 位二进制表示的 IP 地址对应关系

（2）IP 地址的分类。每个 IP 地址都由两部分组成，分别是网络地址和主机地址。网络地址也称网络号，网络号标识互联网中的一个物理网络，主机地址标识该物理网络上的一台主机，每个主机地址对该网络而言必须唯一。在 Internet 上网络号是全球统一分配的，不同的物理网络有不同的网络号。

考虑到物理网络规模的差异，IP 地址根据网络地址位的不同把 IP 地址划分为 3 个基本类地址（A 类、B 类和 C 类地址）、一个组播类地址（也称 D 类地址）和一个备用类地址（也称 E 类地址）（表 7-1）。

表 7-1　IP 地址的范围以及对应的网络数和主机数

IP 类别	可用 IP 地址范围	备注
A 类	1.0.0.1 ～ 127.255.255.254	可用的 A 类网络有 126 个，每个网络能容纳 1 600 多万台主机
B 类	128.1.0.1 ～ 191.254.255.254	可用的 B 类网络有 16 382 个，每个网络能容纳 6 万多台主机
C 类	192.0.1.1 ～ 223.255.255.254	C 类网络可达 209 万余个，每个网络能容纳 254 台主机
D 类	224.0.0.1 ～ 239.255.255.254	专门保留的组播地址，并不指特定的网络
E 类	240.0.0.0 ～ 254.255.255.255	为将来使用保留

除了 D 类和 E 类地址，还有一些 IP 地址从不分配给任何主机，只用于网络中的特殊用途。特殊用途的 IP 地址有以下几类：主机地址位全为 "0" 的 IP 地址称为网络地址，例如 210.32.24.0 就是一个 C 类网络的网络地址；主机地址位全为 "1" 的 IP 地址称为广播地址，例如 210.32.24.255 就是 210.32.24 网络的广播地址；形如 127.*.*.* 的 IP 地址保留给诊断用，如 127.0.0.1 用于回路测试；还有一些 IP 地址用于私有网络，私有地址（Private address）属于非注册地址，专门为组织机构内部使用。下面列出了留用的内部私有地址。

A 类：10.0.0.0 ～ 10.255.255.255。

B 类：172.17.0.0 ～ 172.31.255.255。

C 类：192.168.0.0 ～ 192.168.255.255。

（3）子网掩码。IP 地址分为网络地址和主机地址，那么怎么区分 IP 地址中的网络地址位和主机地址位呢？答案是用"子网掩码"。

子网掩码的作用是识别子网和判断主机属于哪一个网络。与 IP 地址相同，子网掩码长度也是 32 位，左边是网络地址位，用二进制数字"1"表示，右边是主机地址位，用二进制数字"0"表示。根据 A 类、B 类和 C 类地址的网络地址位和主机地址位，可以确定 A 类、B 类和 C 类 IP 地址的默认的子网掩码如下。

A 类：默认子网掩码为 255.0.0.0。

B 类：默认子网掩码为 255.255.0.0。

C 类：默认子网掩码为 255.255.255.0。

2. 域名地址

（1）域名系统。IP 地址是数字标识，不符合人们的日常使用习惯，在使用时难以记忆和书写。因此为方便使用，在 IP 地址的基础上又发展出一种符号化的地址系统，即 Internet 的域名系统（Domain Name System，DNS），它的作用就是为 Internet 提供主机符号名字和 IP 地址之间对应的转换服务。例如，使用字符串 www.zstu.edu.cn 表示浙江理工大学 Web 服务器的主机，其对应的 IP 地址为 220.189.211.184。

按照 Internet 上的域名管理系统规定，在 DNS 中，域名采用分层结构，就像每家每户有个层次结构的地址，即国家 – 城市 – 街道 – 门牌号，这样便于对域名进行维护和管理。整个域名空间就像一个倒立的分叉树，每个结点上都有一个名字，如图 7-6 所示。

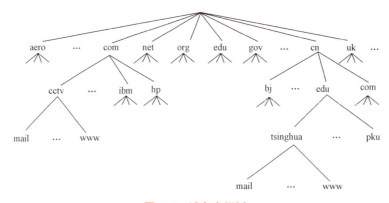

图 7-6　域名空间树

为保证域名系统的通用性，Internet 规定了一些正式的通用标准，从最顶层至最下层，分别为顶级域名、二级域名、三级域名，因此，域名的典型结构如下：

计算机主机名 . 三级域名 . 二级域名 . 顶级域名

顶级域名的划分目前有两种方式：以所从事的行业领域作为顶级域名；以国家或地区代号作为顶级域名。表 7-2 列出了一些常用的顶级域名。

表 7-2　一些常用的顶级域名

域名	含义	域名	含义	域名	含义
com	商业机构	arts	文化娱乐	uk	英国
edu	教育系统	film	公司企业	hk	中国香港
gov	政府部门	info	信息服务	jp	日本
org	非营利组织	aero	航空运输	kr	韩国
int	国际机构	au	澳大利亚	my	马来西亚
mil	军事团体	ca	加拿大	tw	中国台湾
net	网络机构	cn	中国	us	美国

（2）域名管理。为保证域名地址的唯一性，域名地址必须由专门的机构负责管理，并按照一定的规范书写。互联网名称与数字地址分配机构（Internet Corporation for Assigned Names and Numbers，ICANN）负责管理国际通用顶级域名，并授权各国（地区）的网络信息中心负责管理其相应的国家（地区）顶级域名；中国顶级域名 cn 由 ICANN 授权我国工业和信息化部下属的中国互联网络信息中心（China Internet Network Information Center，CNNIC）负责管理和运行。

（3）配置 DNS 服务器地址。一台需要使用域名地址来与其他主机通信的主机，需要配置正确的 DNS 地址才能正常地解析域名地址，跟 IP 地址的配置一样，配置 DNS 地址的方式有从 DHCP 服务器上自动获取 DNS 地址和手动配置 DNS 两种方式。

3. IPv6

IP 协议诞生于 20 世纪 70 年代中期，发展至今已经有 40 多年了。近年来互联网的迅速发展，IP 地址的需求量越来越大，使得 IPv4 的地址资源不足的问题凸显，限制了 Internet 的进一步发展。一方面是地址资源数量的限制，另一方面随着电子技术及网络技术的发展，计算机网络进入人们的日常生活，可能身边的每一样东西都需要连入 Internet。因此，为了解决 IPv4 存在的技术缺陷和地址短缺问题，1992 年 7 月，国际互联网工程任务组（The Internet Engineering Task Force，IETF）发布征求下一代 IP 协议的计划，1994 年 7 月选定 IPv6 作为下一版本的互联网协议标准。为了扩大地址空间，拟通过 IPv6 重新定义地址空间。IPv6 采用 128 位地址长度，可能的地址有 2 128 ≈ 3.4 × 1 038 个，几乎可以不受限制地使用 IP 地址。按保守方法估算 IPv6 实际可分配的地址，整个地球的每平方米面积上仍可分配 1 000 多个地址。

7.4.4　Internet 的服务与应用

1.WWW 服务

WWW 是 World Wide Web 的缩写，中文称为"万维网"。WWW 通过用户易于使用且非常灵活的方式使信息在 Internet 上传输，因此它对 Internet 的流行起了至关重要的作用。WWW 是 Internet 上所有支持超文本传输协议（Hyper Text Transport Protocol，HTTP）的客户机和服务器的集合，采用超文本、超媒体的方式进行信息的存储与传递，并能将各种信息资源有机地结合起来，具有图文并茂的信息集成能力及超文本链接能力。用户使用 WWW 服务很容易从 Internet 上获取文本、图形、声音和动画等信息。可以说 WWW 是当今世界最大的电子资料世界，有时候 WWW 被看作 Internet 的代名词。

（1）WWW 标准。统一资源定位器（Uniform Resource Locator，URL）、超文本传送协议、超文本标记语言（Hypertext Markup Language，HTML）是 Web 的 3 个标准，这 3 个标准构成了 WWW 的核心部分。

1）URL。Web 浏览器要浏览一个资源，首先要知道这个资源的名称和地址，在 Web 中，这些资源都用统一资源定位器来描述。URL 不仅描述了要访问的资源的名称和地址，而且还提供了访问这个资源的方法（或者称访问协议）。URL 的格式如下：

访问协议 :// 服务器域名（或 IP 地址）[: 端口]/ 目录 / 文件名

地址栏里的 http://www.gov.cn/guoqing/index.htm 就是一个 URL 地址，这里的 http 表示通过 HTTP 协议进行访问；请求的服务器域名为 www.gov.cn ；要访问的服务器的端口是默认的 80，可以省略；guoqing 是指要访问的服务器上的目录；index.htm 是要请求的目录下的文件，也是默认首页。如果不输入，表示请求的文档是服务器上提供的默认首页，如 index.html、default.html 等。

2）HTTP。Web 浏览器和服务器之间的通信使用超文本传输协议，HTTP 协议是基于客户 / 服务器的基本模式，即请求 / 回答模式。

3）HTML。网页设计者发布到网络上的网页能够被世界各地的用户浏览，需要使用规范化的语言进行发布。1982 年，蒂姆·伯纳斯 – 李（Tim Berners-Lee）为使世界各地的物理学家能够方便地进行合作研究，建立了超文本标记语言——HTML。HTML 语言是为"网页创建和其他可在网页浏览器中看到的信息"设计的结构化的标记语言。

HTML 语言最初仅有少量标记，因此实现的功能也很少。随着人们需求的增多，以及 Web 浏览器的发展，HTML 不断扩充和发展，其版本从最初的第一版、HTML 2.0、HTML 3.0 一直发展到 HTML 5.0，万维网联盟（World Wide Web Consortium，W3C）小组负责制定或修订这些标准，目前最新的标准是 HTML 5.0。

（2）Web 浏览器及其使用。在 WWW 服务器的客户 / 服务器模式中，Web 浏览器是经常使用的客户端程序，浏览器伴随着超文本标记语言的出现而出现。

在浏览器市场，近年来谷歌的 Chrome 以其简洁、稳定、快速的特色，市场占有率不断提升，已经成为排名第一的浏览器。此外，还有 Mozilla 的火狐（Firefox）、微软新推出的 Edge 等也占据了一定的市场份额。

2. 信息搜索服务

万维网上存储了丰富的资源，只要知道了某一资源所在的网站，在浏览器中输入相应的 URL 就可以进入网站查看资源。但是，如果不知道所需的资源在哪个网站，那么就要用到搜索引擎提供的信息搜索服务。

搜索引擎是指根据一定的策略、运用特定的计算机程序搜集互联网上的信息，在对信息进行组织和处理后，为用户提供检索服务的系统。搜索引擎为用户提供所需信息的定位，包括所在的网站或网页、文件所在的服务器及目录等。搜索的结果包括网页、图片、信息，以及其他类型的文件，通常以列表的形式显示出来，而且这些结果通常按点击率来排名。具有代表性的中文搜索引擎网站有百度（http://www.baidu.com）和谷歌（http://www.google.com），以及微软的"必应"（http://www.bing.com）。

3. FTP 服务

文件传输协议（File Transfer Protocol，FTP），是互联网上应用最广泛的文件传送方式，也是 Internet 最重要的服务之一。将文件从网络上的一台计算机复制到另一台计算机并不是一件很简单的事情，因为 Internet 上运行着各种不同的计算机和操作系统，使用着不同的数据存储方式，使用 FTP 协议可以减少处理文件的不兼容性，因此所有流行的网络操作系统都支持 FTP 协议的有关功能。

（1）FTP 工作原理。在 FTP 的使用当中，有"下载（Download）"和"上传（Upload）"两个概念，"下载"文件就是从远程主机复制文件至用户的计算机上；"上传"文件就是将文件从用户的计算机中复制到远程主机上。

（2）FTP 服务器。把一台计算机作为 FTP 服务器，需要在这台机器上安装 FTP 服务器软件。有关各种 FTP 服务器软件的配置方法不在本书的探讨范围，有兴趣的读者可参阅相关文献资料。

（3）FTP 客户端。在客户端，要进行 FTP 连接，需要有 FTP 客户端软件，Windows 操作系统的 IE 浏览器也可以作为 FTP 服务的客户端连接 FTP 服务器进行登录、上传和下载操作，使用的方法是在浏览器的地址栏中输入 FTP 服务器地址，例如 ftp://ftp.zstu.edu.cn。除了 Windows 自带的 FTP 客户端，也可以使用专门的 FTP 客户端工具软件，如 FlashFXP、CuteFtp、LeapFtp 等。

4. 其他服务

现在，Internet 上提供的服务包罗万象，已经涵盖了人们生活中的方方面面，如网络社区、网上购物、即时通信、网络游戏、音视频点播、在线地图，等等。随着智能手机的广泛应用和移动互联网的发展，这些服务又都覆盖到了移动端，大大方便了人们的生活。

我国移动网络 IPv6 流量首次突破 50%，迎来 IPv6 主导的互联网时代

据我国 IPv6 发展监测平台统计，2023 年 2 月，我国移动网络 IPv6 占比达到 50.08%，首次实现移动网络 IPv6 流量超过 IPv4 流量的历史性突破，这标志着我国推进 IPv6 规模部署及应用工作迎来了新的里程碑。

各方通力协作全面推进我国 IPv6 规模部署

作为全球公认的下一代互联网商业应用解决方案，IPv6 是互联网升级演进的必然趋势，也是网络技术创新的重要方向。IPv6 不仅解决了网络地址资源数量的问题，消除了多种接入设备连接互联网的障碍，而且网络安全性得到了进一步提升。更重要的是，加强 IPv6 部署对国家的网络安全和网络主权有重要意义。

党中央、国务院一直高度重视 IPv6 发展，2017 年 11 月，中共中央办公厅、国务院办公厅联合印发《推进互联网协议第六版（IPv6）规模部署行动计划》，明确提出了未来 5～10 年我国基于 IPv6 的下一代互联网发展的总体目标、路线图、时间表和重点任务，成为加快推进我国 IPv6 规模部署、促进互联网演进升级和创新发展的行动指南。

6 年来，中共中央网络安全和信息化委员会办公室（以下简称"中央网信办"）、工业和信息化部与各相关部门通力协作，为推动 IPv6 的全面实施不懈努力。2021 年 7 月，工信部、中央网信办印发《IPv6 流量提升三年专项行动计划（2021—2023 年）》，提出到 2023 年年底，移动网络 IPv6 流量占比超过 50%，固定网络 IPv6 流量规模达到 2020 年年底的 3 倍以上等目标任务。随即印发的《关于加快推进互联网协议第六版（IPv6）规模部署和应用工作的通知》，提出到 2025 年年末，我国要全面建成领先的 IPv6 技术、产业、设施、应用和安全体系。

同时，基础电信企业、设备商、互联网公司、终端用户等密切配合，在基础设施升级改造、垂直行业应用部署、前沿技术研发、人才培养等方面深入攻关与合作，推进 IPv6 网络从"能用"向"好用"快速发展，取得了卓越成效。中国电信全力推进 IPv6 工作，有序开展技术研究、现网试点和规模部署。目前，中国电信已建成端到端畅通的 IPv6 高速公路，云网端到端（网络、云、终端等）IPv6 改造基本完成。中国移动借助移动网络换代的历史机遇突破 IPv6 发展瓶颈，通过"3G 起步，4G 同步，5G 内生"推动实现移动网络与 IPv6 同步发展，建成全球用户规模最大的双栈网络和最大的 IPv6 单栈网络。2022 年 1 月，中国联通 IPv6+1.0 运营服务正式启动，标志着中国联通正式进入"IPv6+"时代。目前，中国联通 IPv6+1.0 已实现规模部署，有力支撑千行百业数字化转型，为网络强国建设、壮大数字经济注入强劲动力。

华为从绿色超宽、泛在物联、确定性网络、算力网络、自动驾驶网络、网络安全六大方向，打造 IPv6+ 创新高地。中兴通讯股份有限公司与中国信息通信研究院、紫金山实验室和基础电信企业等就"IPv6+"课题展开深度合作，在 SRv6、BIERin6 组播等技术领域的标准确立和新技术试点方面处于业界领先地位，全面支撑"IPv6+"体系的技术落地和规模部署。阿里云、京东云、网宿科技等互联网企业和 CDN 企业持续推进云、IDC、CDN 等基础设施改造，加大相关业务对 IPv6 的支持力度；字节跳动、腾讯、百度、美团、奇虎 360、网易等企业持续强化 App 改造，推进 App 应用 IPv6 进程；小米、新华三、吉祥腾达等厂商加大在售和在研产品的 IPv6 改造力度。

"'下一代互联网'的答案是 IPv6，它除了能解决网络 IP 地址枯竭的问题，对我国的科技创新、网络安全、网络主权和话语权也有着十分深远的意义。"中国工程院院士吴建平认为。

"高速公路"实现"通车"——IPv6 网络和应用质量不断提升

此次 IPv6 流量占比超过 50%，不仅说明了我国 IPv6 网络"高速公路"已全面建成、信息基础设施 IPv6 服务能力已基本具备，并且在"高速公路"上"通车"已成为业界现状。

IPv6 发展的基础在网络建设和规模部署，而发展的关键在于应用。"在当下产业推广阶段，亟待积极推进基于 IPv6 的新业务应用。从产业发展来看，工业、农业、交通、电力等数据量大、时效性高、集成困难的产业，将成为 IPv6 的重要部署领域。"下一代互联网国家工程中心主任刘东表示。

如今，IPv6 网络和应用质量在不断提升。中国信通院的监测数据显示，截至 2023 年 2 月，全国已经有超过 95% 的 CDN 节点支持 IPv6；国内主要 13 家云服务企业 54 个可用域的云主机中，IPv6 访问质量优于 IPv4 访问质量的有 40 个，占比 74.07%。

"IPv6 进入创新发展、提质升级的重要战略机遇期。IPv6 及衍生技术的开发，以及与新一代信息技术的融合将全面满足互联网资源持续扩大的客观要求，助力全社会数字化转型，也已成为全球互联网创新的'新赛道'。如何发挥好 IPv6 乘数效应，加强 IPv6 与各行业的技术融合，成为抢占未来格局地位的重要砝码。"中国通信标准化协会理事长闻库表示。

随着 IPv6 规模部署的不断深化，推动 IPv6 网络实现从"能用"到"好用"，向"爱用"跨越，将成为下一阶段我国 IPv6 发展的重要目标。充分发掘 IPv6 技术优势，激发 IPv6 内生驱动力，开展 IPv6 价值提升和应用创新，加速产业生态建设，推进 IPv6 规模部署，将是我国从网络大国迈向网络强国的重要抓手。

资料来源：https://www.xuexi.cn/lgpage/detail/index.html?id=3062721861309979803&item_id=3062721861309979803

❯ 本章小结

本章主要介绍了计算机网络的定义、诞生、发展、分类，网络协议，OSI 参考模型，TCP/IP 协议，计算机网络硬件系统与软件系统组织，Internet 的产生、发展、接入、地址、服务等内容。通过本章的学习，对计算机网络有较深入的了解，在日常工作和生活中能更好地使用计算机网络。

❯ 思考与练习

一、填空题

1. 按覆盖的地理范围分类，计算机网络可分为_____、_____、_____；按拓扑结构分类可分为_____、_____、_____和_____等拓扑结构；按传输介质分类可分为_____、_____和_____。

2. OSI 参考模型分为七层，从上到下分别为_____、_____、_____、_____、_____、_____和_____。

3. TCP/IP 是一个四层协议体系结构，包括_____、_____、_____和_____。

4. 组成计算机网络的硬件系统一般包括_____、_____、_____三部分。

5. 计算机网络软件包括_____、_____和_____。

6. 一个 IP 地址由_____位二进制数字组成，通常被分为_____段，段与段之间以小数点分隔，每段_____位。

7. IPv6 采用_____位地址长度，可能的地址有_____个。

二、简答题

1. 简述计算机网络的诞生与发展。

2. 简述常见的 Internet 接入方式。

3. IP 地址和域名地址的关系是什么？

4. 列举 4～5 个 Internet 在工作和生活中的应用。

第 8 章
Word 2016 文档处理与制作

学习目标

知识目标：

掌握文档的创建和保存；文本的输入；文档的编辑操作，包括选定文本、移动、复制和删除文本，查找和替换文本；文档排版，包括字符排版、段落排版和页面排版；艺术字、文本框的插入；图文混排；利用 SmartArt 图形制作组织结构图的方法；表格的插入和编辑；表格中数据的处理；分页符、分节符、页眉、页脚、页码的插入；样式的创建和修改；目录的制作和编辑操作。

能力目标：

能在工作和生活中熟练应用 Word 2016 进行文档的处理与制作。

素养目标：

提高学生实践动手能力、观察与创新思维能力。

案例导入

Word 简介

Microsoft Office Word 是微软公司的一个文字处理器应用程序。它最初是由理查德·布罗迪（Richard Brodie）为了运行 DOS 的 IBM 计算机而在 1983 年编写的。随后的版本可运行于 Apple Macintosh（1984 年）、SCO UNIX 和 Microsoft Windows（1989 年），并成为 Microsoft Office 的一部分。

Word 给用户提供了用于创建专业而优雅的文档工具，帮助用户节省时间，并得到优雅美观的结果。一直以来，Microsoft Office Word 都是最流行的文字处理程序。

作为 Office 套件的核心程序，Word 提供了许多易于使用的文档创建工具，同时也提供了丰富的功能集供创建复杂的文档使用。哪怕只使用 Word 应用一点文本格式化操作或图片处理，也可以使简单的文档变得比只使用纯文本更具吸引力。

本章将以实例的形式，介绍 Word 2016 文档处理与制作的具体应用。

8.1　Word 文档的基本编辑

8.1.1　提出任务

以一篇题为"运动金字塔"的文章为例，让我们看可以对 Word 提出哪些任务，以及最后实现怎样的效果。

（1）给文章添加标题"运动金字塔"，居中。给标题设边框（单线、阴影）。给标题添加绿色底纹。

微课：Word 文档的基本编辑

（2）把正文第一段设为黑体，添加波浪下划线，字符间距加宽 2 磅。

（3）正文第二段段前间距设为 12 磅，段后间距设为 8 磅，所有段落首行缩进 2 字符。

（4）把纸张设为 16 开，上页边距 2 厘米，右页边距 2.5 厘米。

（5）把文章中所有"金塔"替换为"金字塔"后，显示为红色。

（6）启动页眉页脚，在页眉居中输入"运动金字塔"。页脚靠右插入页码，数字格式为"a、b、c、d"，起始页码从 c 开始。

（7）为页面添加红色（标准色）、楷体、半透明斜式水印，内容为"运动金字塔"。

（8）给第四段分栏：等宽 3 栏，栏宽 9 字符，添加分隔线。

（9）给"日常运动"到"静态活动"所有段落添加自动编号，格式为 A、B、C。

文章最终效果图如图 8-1 所示。

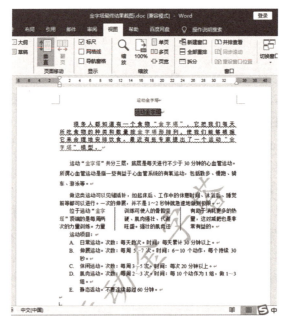

图 8-1　文章最终效果图

8.1.2　任务实施

1. 标题的设置

步骤 1：将光标放置在文档的最前端，按 Enter 键，插入一个空行，输入"运动金字塔"，选择"开始"→"段落"中的"居中对齐"命令，将标题居中，如图 8-2 所示。

图 8-2　标题居中

步骤 2：标题的格式。选中标题，执行"开始"→"段落"中的"边框和底纹"命令。打开"边框和底纹"对话框，选择"边框"选项卡，单击左边的"阴影"按钮，在"应用于"中选择"文字"，单击"确定"按钮，完成标题边框的设置，如图 8-3 所示。选中标题，执行"开始"→"段落"中的"边框和底纹"命令。打开"边框和底纹"对话框，选择"底纹"选项卡，在"填充"中选择纯绿色，在"应用于"中选择"文字"，单击"确定"按钮，完成标题底纹的设置，如图 8-4 所示。

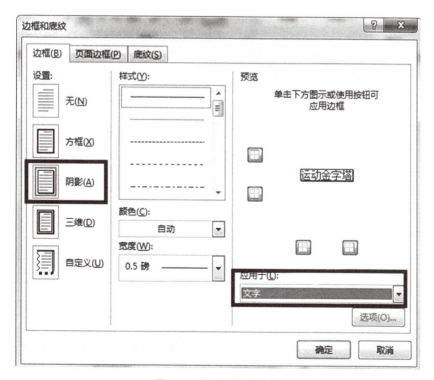

图 8-3　标题边框的设置

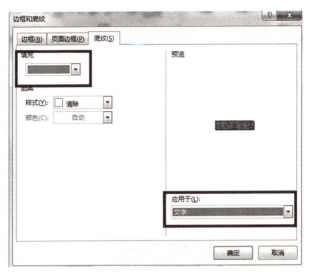

图 8-4　标题底纹的设置

2. 文字和段落的设置

步骤 1：选中第一段，执行"开始"→"字体"命令，弹出"字体"对话框。在"中文字体"中选择"黑体"，在"下划线线型"中选择"～～～～～"，如图 8-5 所示。继续在"字体"对话框选择"高级"选项卡，在"间距"下拉列表框选择"加宽"，"磅值"输入"2 磅"，如图 8-6 所示，单击"确定"按钮即可。

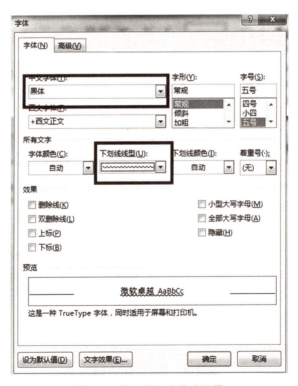

图 8-5　第一段文字格式设置

图 8-6　第一段字符间距设置

步骤 2：选中第二段，执行"开始"→"段落"命令，弹出"段落"对话框，在"间距"中将段前间距设为 12 磅，段后间距设为 8 磅，如图 8-7 所示。选中所有段落，执行"开始"→"段落"命令，弹出"段落"对话框，在"特殊"中设置段落首行缩进 2 字符，如图 8-8 所示。

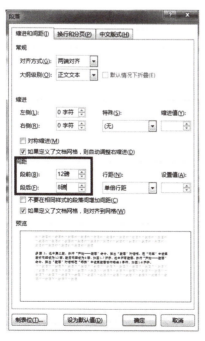

图 8-7　段前段后设置

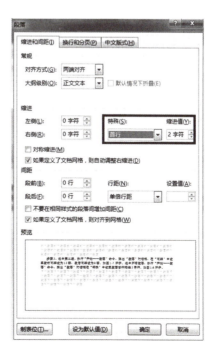

图 8-8　首行缩进设置

3. 页面布局的设置

步骤 1：选择"布局"→"页面设置"命令，弹出"页面设置"对话框，选择"纸张"选项卡，在"纸张大小"中选择"16 开"纸型，如图 8-9 所示。

步骤 2：选择"布局"→"页面设置"命令，弹出"页面设置"对话框，选择"页边距"选项卡，在"页边距"中设置上页边距 2 厘米，右页边距 2.5 厘米，如图 8-10 所示。

图 8-9　纸型的设置　　　　　　　图 8-10　页边距的设置

4. 文字和格式替换的设置

将光标放置在文档的最前面，执行"开始"→"替换"命令，弹出"查找和替换"对话框，选择"替换"选项卡，在"查找内容"输入"金塔"，在"替换为"输入"金字塔"，单击"更多"按钮，展开对话框，选择"金字塔"文字，选择"格式"下的"字体"命令，弹出"字体"对话框，设置文字演示为红色，单击"确定"按钮，关闭"字体"对话框，回到"替换"对话框，单击"全部替换"即可，如图 8-11 所示。

5. 页眉页脚的设置

步骤 1：页眉的设置。执行"插

图 8-11　替换的设置

入"→"页眉"→"编辑页眉"命令，鼠标放置在文档页眉处，输入"运动金字塔"，居中即可。

步骤 2：页脚的设置。执行"插入"→"页眉"→"编辑页脚"命令，光标放置在文档页脚处，执行"设计"→"页码"→"设置页码格式"命令，弹出"页码格式"对话框，设置"编号格式"为小写英文字母，设置"起始页码"从 c 开始，如图 8-12 所示，单击"确定"按钮。执行"页码"→"页面底端"命令，在页脚靠右插入页码。

6. 水印的设置

执行"设计"→"水印"→"自定义水印"命令，弹出"水印"对话框。在对话框中选择"文字水印"单选按钮，输入文字"运动金字塔"，将"字体"设置为"楷体"，将"颜色"设置为"红色"，勾上"半透明"复选框，将"版式"设置为"斜式"，单击"确定"按钮即可，如图 8-13 所示。

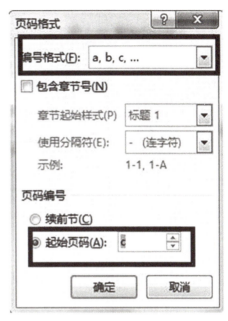

图 8-12　页码格式设置

图 8-13　水印的设置

7. 分栏的设置

选择正文第四段，执行"布局"→"栏"→"更多栏"命令，打开"栏"对话框，选择等宽 3 栏，栏宽设置为 9 字符宽度，勾选"分隔线"，如图 8-14 所示。

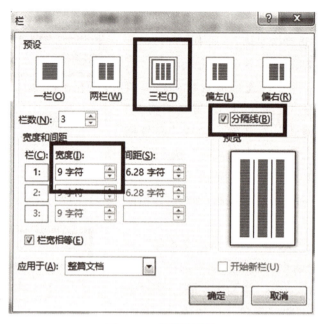

图 8-14 分栏的设置

8. 编号的设置

选中"日常运动"到"静态活动"的所有段落，在"开始"→"段落"中执行"编号库"命令，如图 8-15 所示。在下拉菜单中选择"大写英文字母格式"即可，如图 8-16所示。

图 8-15 编号库

图 8-16 编号库设置

能力拓展

Word 文字排版的制作

Word 文字排版要求如下：

（1）打开 Word 文档"物流 .docx"（扫描右边二维码获取）。

（2）给文章添加标题"物流的目的"，给标题设边框（单线、阴影）。给标题添加底纹为 40% 的图案样式，字符间距为加宽 2 磅。

（3）把纸张设为 16 开，上页边距 2 厘米，右页边距 2.5 厘米。

（4）把文章中所有"系统"替换为"综合"，"综合"设置为添加着重号。

（5）把正文第一段设为黑体，字符间距设为加宽 5 磅，添加波浪下划线。

（6）正文第二段段前间距设为 2 行，段后间距设为 1 行，首行缩进 2 字符，行距设为 20 磅。

（7）正文第三段设置为两端对齐，设置悬挂缩进 1 字符。把正文第三段设置字符缩放 120%。

（8）给最后一段分栏：等宽 3 栏，栏宽 9 字符，添加分隔线。

（9）把第一段复制到最后一段前面（保留原格式）。

（10）启动页眉页脚，在页眉居中输入"物流的目的"。页脚靠左插入页码，页码格式为大写字母，起始页码从 C 开始。

（11）给第二段设置首字下沉 2 行，楷体。

素材资料

8.2　制作公司简介

8.2.1　提出任务

（1）利用艺术字输入"公司简介"的标题。

（2）利用文本框输入公司简介的内容，并对其进行格式处理。

（3）利用艺术字输入"组织结构"的标题，并进行处理。

（4）利用 SmartArt 图形插入组织结构图，并处理。

（5）利用艺术字输入"办公条件"，并处理。

（6）利用图片插入办公条件相关图片并进行处理。

（7）利用文本框插入办公条件的注释。

公司简介最终效果如图 8-17 所示。

微课：制作公司简介

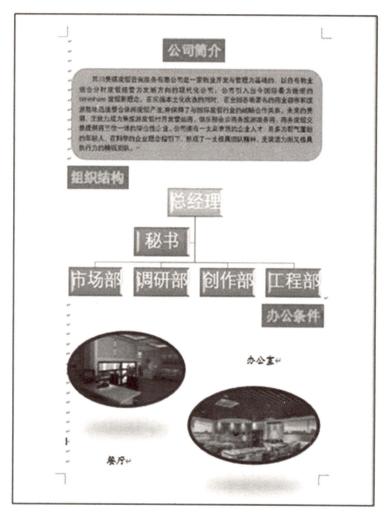

图 8-17　公司简介最终效果

8.2.2　任务实施

（1）将光标放置在文档最前面，不断回车，将光标回车到页面最下面，为以后对象的插入做好准备。

（2）"公司简介"标题的插入和设置。

步骤1：将光标放置在文档的最前面，执行"插入"→"艺术字"命令，弹出"艺术字样式"下拉菜单，选择第二行第三列的样式，如图8-18所示。在插入的艺术字文本框中输入"公司简介"，将其字号设置为"二号"字。选中该艺术字，执行"格式"→"环绕文字"命令，弹出文字环绕下拉菜单，将文字环绕格式设置为"浮于文字上方"，如图8-19所示。将此艺术字用鼠标拖动到文档最上方，居中对齐。

图 8-18　艺术字样式选择

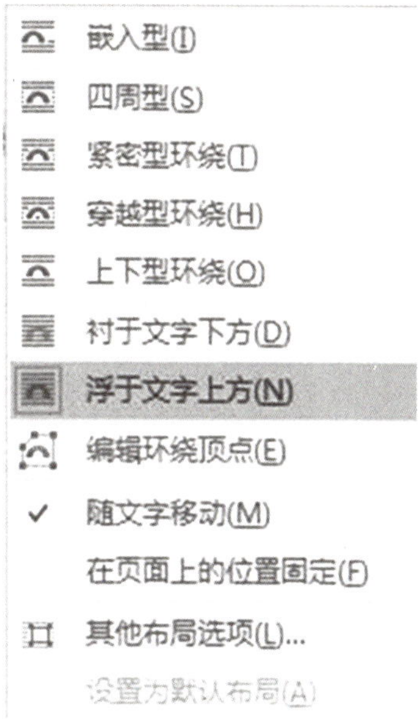

图 8-19　文字环绕样式

步骤 2：选择该艺术字，执行"格式"→"主题样式"命令，弹出艺术字"主题样式"下拉菜单，选择第三行第六列的主题样式，如图 8-20 所示。

图 8-20　艺术字主题样式

（3）"公司简介"内容的插入和编辑。

步骤1：将光标放置在"公司简介"标题下面，执行"插入"→"文本框"→"绘制横排文本框"命令，如图8-21所示。在"公司简介"标题下面用鼠标拖出一个文本框，把公司简介的文字复制粘贴到该文本框里面。调整文本框的大小使其宽度和页面宽度一样，使得内部的文字刚好占满文本框。

步骤2：选中文本框内的文字，执行"开始"→"段落"命令，弹出"段落"设置对话框，将文本框内的文字设置为"首行缩进"2字符，如图8-22所示。

图8-21　插入文本框菜单　　　　图8-22　首行缩进设置

步骤3：选中"公司简介"文本框，执行"格式"→"形状填充"命令，弹出"形状填充"下拉菜单，如图8-23所示，将其填充颜色设置为浅绿色。

步骤4：选中"公司简介"文本框，执行"格式"→"形状轮廓"命令，弹出"形状轮廓"下拉菜单，如图8-24所示，将其轮廓颜色设置为无轮廓。

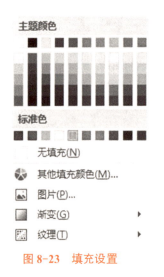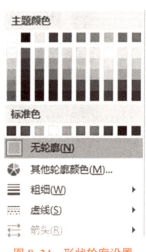

图8-23　填充设置　　　　图8-24　形状轮廓设置

步骤 5：选中"公司简介"文本框，执行"格式"→"编辑形状"→"更改形状"命令，弹出"更改形状"下拉菜单，如图 8-25 所示，将其形状设置为圆角矩形。

（4）"组织结构"标题的插入和设置。

步骤 1：将光标放置在公司简介文本框下面，执行"插入"→"艺术字"命令，弹出"艺术字样式"下拉菜单，选择第二行第三列的样式，如图 8-18 所示。在插入的艺术字文本框中输入"组织结构"，将其字号设置为"二号"字。选中该艺术字，执行"格式"→"环绕文字"命令，弹出"文字环绕"下拉菜单，将文字环绕格式设置为"浮于文字上方"，如图 8-19 所示。将此艺术字用鼠标拖至公司简介内容文本框下方，使其左对齐。

步骤 2：以下操作步骤同（2）中相关操作步骤，这里不再赘述。

（5）SmartArt 图形制作组织结构图。

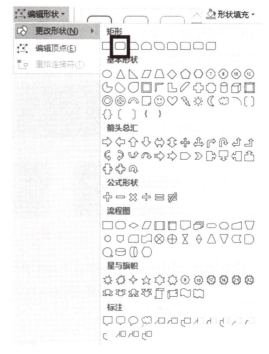

图 8-25　更改文本框形状

步骤 1：将光标放置在艺术字"组织结构"的下方，执行"插入"→"SmartArt"命令，在弹出的"选择 SmartArt 图形"对话框中选择"层次结构"类型中的"组织结构图"，如图 8-26 所示。插入一个组织结构图，如图 8-27 所示。

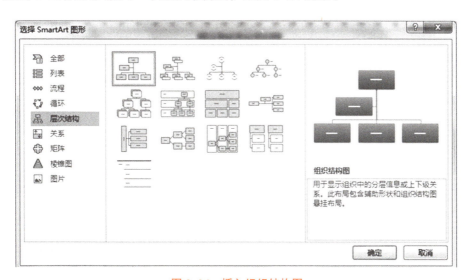

图 8-26　插入组织结构图

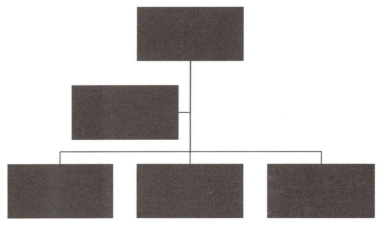

图 8-27　组织结构图

步骤 2：选择组织结构图右下角的图形，单击鼠标右键，执行"添加形状"→"在后面添加形状"命令，在右下角图形后面再添加一个形状。在所有图形中添加文字，调整大小，如图 8-28 所示。

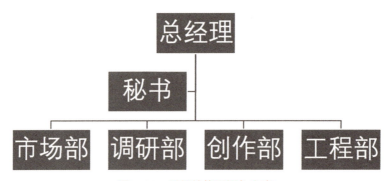

图 8-28　组织结构图添加文字

步骤 3：选中 SmartArt 组织结构图图形，执行"设计"→"SmartArt 样式"命令，在弹出的 SmartArt 样式菜单中选择"三维"→"嵌入"样式，如图 8-29 所示。得到三维效果，如图 8-30 所示。

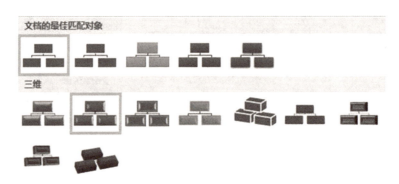

图 8-29　三维嵌入类型

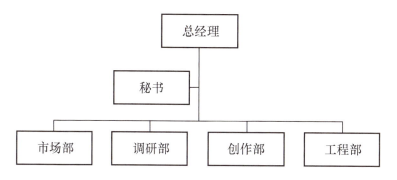

图 8-30　三维嵌入效果

步骤 4：选中 SmartArt 组织结构图图形，执行"设计"→"更改颜色"命令，弹出"更改颜色"菜单，选择"彩色"中的"个性色 5 至 6"，如图 8-31 所示。最终效果如图 8-32 所示。

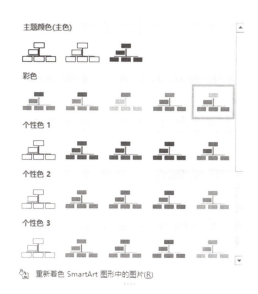

图 8-31　SmartArt 图形上色

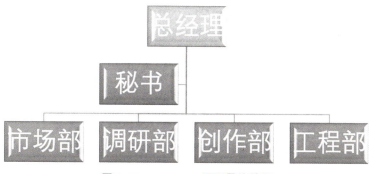

图 8-32　SmartArt 图形最终效果

（6）"办公条件"标题的插入和设置。

步骤1：将光标放置在SmartArt图形下面，执行"插入"→"艺术字"命令，弹出"艺术字样式"下拉菜单，选择第二行第三列的样式，如图8-18所示。在插入的艺术字文本框中输入"办公条件"，将其字号设置为"二号"字。选中该艺术字，执行"格式"→"环绕文字"命令，弹出文字环绕下拉菜单，将文字环绕格式设置为"浮于文字上方"，如图8-19所示。将此艺术字用鼠标拖动到SmartArt图形下方，使其右对齐。

步骤2：操作步骤同（2）中的相关操作步骤，这里不再赘述。

（7）图片的插入和编辑。

步骤1：办公室图片的插入。将光标放置在组织结构图下面，执行"插入"→"图片"命令，在弹出的窗口中选择一张关于办公室的图片，单击"插入"，插入文档中。选中该图片，执行"格式"→"环绕文字"命令，弹出"环绕文字"菜单，在其中选择"浮于文字上方"，如图8-19所示。更改图片大小，将其用鼠标拖动到文档中的相应位置。

步骤2：办公室图片的编辑。选中该图片，执行"格式"→"图片样式"命令，弹出图片样式菜单，在其中选择"棱台形椭圆，黑色"样式，如图8-33所示。最终效果如图8-34所示。

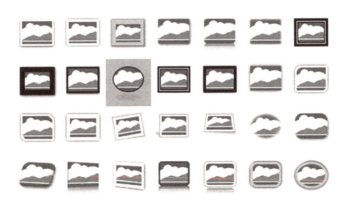

图8-33　图片样式

图8-34　图片最终效果

步骤 3：餐厅图片的插入和编辑。同办公室图片的插入和编辑，这里不再赘述。

（8）插入文本框，给办公室和餐厅图片设置标注。

步骤 1：执行"插入"→"文本框"→"绘制横排文本框"命令，分别在办公室图片的右侧和餐厅图片的左侧拖出一个横排文本框，分别输入"办公室"和"餐厅"文字。设置为"楷体""三号"字。

步骤 2：分别选择以上两个文本框，执行"格式"→"形状轮廓"命令，弹出"形状轮廓"菜单，选择"无轮廓"，如图 8-35 所示。

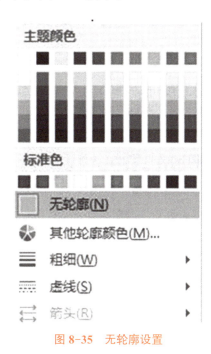

图 8-35　无轮廓设置

能力拓展

报纸图文混排的制作

报纸图文混排制作要求如下：

（1）文摘周报的页面设置：设置页面的页边距。上 2.5 厘米，下 2.5 厘米，左 2 厘米，右 2 厘米。设置页眉页脚。

（2）文摘周报的版面布局。

（3）文摘周报的报头制作。插入艺术字报头，插入艺术横线，输入短文。

（4）文摘周报的艺术横线插入，艺术的水平线，插入图片和自绘图形。

（5）文摘周报的分栏，文摘周报的文本框的设置。

报纸图文混排最终效果如图 8-36、图 8-37 所示。

文摘周报
Information Weekly

主办：学院团总支
承办：学院团总支系编辑部
顾问：张春海、陈炳康
总编：戚东、蔡润东、王华金、龚碧珍
编辑：蔡俊伟、华晶、陈楚吟、陈晓日、彭泉、张小静

第1期　本期共4版

总期：第12期
E-mail：abc1234@163.com　（欢迎大家来稿）

光脚走进阅览室

前些天听我的老师讲起一桩事情，令我的心受到触动：有一次，他陪同一位外籍教师去学校图书馆参观，图书馆阅览室里座无虚席，同学们都安安静静地坐着看书。两人往里面走了几步，那位外籍教师却突然站着不走。我的老师奇怪地问他怎么了，做出继续邀请他往里走走看看的手势。要知道，这所大学的图书馆是以历史悠久、建筑宏伟、环境幽雅而著称的，其历史最早可以上溯到清末湖广总督张之洞创办的自强学堂图书室，而它正式建馆也已近90年。学者们来这所大学，几乎都要参观这间著名的图书馆。

而那位外籍教师却仍然站在原地不动。他指了指自己的脚，摆了摆手，又朝周围正在埋头学习的同学看了看。我的老师还没明白过来，只见外籍教师突然蹲下身去，迅速地把自己脚上穿着的皮鞋脱掉了！然后他把皮鞋拎在手里，脸上浮现出心安理得的松弛神情，光着脚继续往里走。原来，他是担心自己的皮鞋走在木地板上发出的声音干扰了同学们的学习！

那位外籍教师赤脚行进在图书馆阅览室里的小细节打动了我。从这个似乎有几分"狼狈"、不那么有"尊严"的举动中，我看到的不仅仅是一种面对历史人文遗留物的可爱的谦卑，更是一种发自内心的对他人的尊重。

 ★ **把筐倒过来** ★

有这样一个比方，说有人经常挑着两个筐，前面的筐里装着别人的缺点，后面的筐里装着自己的缺点。这样他就会经常看到别人的缺点，忘记自己的缺点。时间长了，前面的筐子越来越重，担子越来越沉，在人生的道路上，步履也越来越艰难。

如果挑筐的人把筐倒过来，肯定会另一番模样。因为把筐倒过来，你会经常看到自己的缺点，克服自己的缺点，从而使前面的筐轻些，再轻些。把筐倒过来，你会看不见别人的缺点，忘掉别人的缺点，不再背别人缺点的包袱，后面的筐也会轻些，这样，在人生路上走起来，当不更快更好。

信心让你变得杰出

乞丐坐在画家工作间的马路对面。透过窗户，这位为他画像的画家为这个屈服于生活的压力、灵魂的深处透出绝望的人画了一幅脸部肖像描。他不拘泥于形似，而是做了几处重要的改动。他在乞丐浑浊的眼中加了几笔，使双眸闪现出追求梦想时的倔傲不羁；他拉紧了这个男子脸上松弛的肌肉，使之看上去充满钢铁般的意志和坚定的决心。当作品完成后，他把那个穷困潦倒的人叫了进来，让他看那幅画。乞丐并没有认出画上的就是自己。"这是谁？"他问画家。后者笑而不语。接着乞丐看画中的人和自己有几分相像，犹豫着问道："是我吗？画中的人会是我吗？""这就是在我眼中的你。"画家回答道。乞丐挺直了腰杆，说："如果这是你眼中的那个人，那他就是将来的我。"

即使是乞丐，身上也存在着杰出的品质！不要再默默不作声了，你应直起奋进，竭尽所能，迈向成功。

图 8-36　报纸第一页

最珍贵的礼物

像许多美国人一样，我把大量时间花在为孩子购买礼物上，但却不能确定这些礼物对他是否有用，甚至不知他是否需要。于是我提醒自己，要认真思考关于"赠送真正礼物"这件事。

小时候，爸爸给了我"爱读书"的礼物。因为他喜欢读书，有满满一书房天天与他相伴的书籍。

在我家起居室的壁炉平台上，还有一整套《莎士比亚全集》。在爸爸看来，为孩子买些书籍，无疑要比购买玩具和衣物更为重要。

"信念"这个礼物也是爸爸送给我的。他是个传教士，在讲坛上，他从不抬高声音，而是努力培养教徒的心智。他教导我："信仰需要有行动！"

妈妈给了我"关爱"。在爸爸去世后，妈妈收养了许多无家可归的孩子。有一次妈妈带了一个小女孩回家——由于子弹飞进她家的窗户，致使这无辜的女孩失去了一只眼睛。妈妈教我怎样摘下她的玻璃眼，怎样清洗后再安上。我觉得这事很简单，但真正动手要做时，我却发起抖来。妈妈见状把我轻轻推到一边，准确无误地亲自做了一遍。我想，是她教给了我如何关爱别人。

邻居特里萨·凯利夫人给了我"勇敢"。她住在米莉亚大街一座有四个房间的房子里，有个大前廊和一个小后廊。在妈妈外出时，我就喜欢呆在凯利夫人家中。夏季的一天，突然来了暴风雨，凯利夫人让我把晾晒的衣服收起来。就在我要去收衣服时，突然响起一声霹雳，我怕了，跑回来，躲到凯利夫人的怀里。凯利夫人同我一起去收衣服，并平静地向我解释这种自然现象，轻描淡写地告诉我，这没什么可怕的。

小时候我在圣诞树下找到的礼物，如今大多已不复存在，甚至不记得了。但是童年时代由父母及邻居给我的人生教诲，我却依然带在身上，珍爱备至。因此我决定，要送给孩子真正的礼物——把这些珍贵的人生教诲告诉他们，我想，这比一台玩具电动车更加有价值。

一朵玫瑰给少女鬓边，
一枚戒指给新娘，
一团欢乐给家宅，
清洁又宽敞——
是谁在户外雨中
期待企望？

一颗忠心给老朋友，
一片诚意给新交，
爱情能借给大地
天堂的色调——
是谁站立在那里
看露珠闪耀？
一朵微笑给别离时刻，
一颗泪珠送上路，
上帝的求爱
就这样结束——

是谁在黑风地里
坚持守护？

他，在户外雨中
期待企望，
他，站着看露珠
在四野闪亮，
他，迎着风守护——
他驰骋奔忙
带着玫瑰，
带着戒指，
带着新娘，
他驰骋奔忙
带着玫瑰的红色，
带着戒指的金色，
带着新娘的嘴唇和鬓发柔长。

守护者

征稿启事

有人说，写作是一种寄托；有人说，写作是一种宣泄，也许，对你来说，写作是一种需要、一种习惯，或什么都不是，仅仅是喜欢。那么，你何不将你的寄托、你的宣泄、你的喜欢与大家分享呢？看着自己的文章被大家所喜欢或评论，这难道不是一件令人欣喜的事吗？那么，还等什么？《信息周报》的投稿就在等着你呢。

稿件要求：文体不限，体裁文风、字数不限。

图 8-37　报纸第二页

8.3　表格的插入和编辑

8.3.1　个人简历制作

小杨是学校计算机社团的成员，新学期来临，又要招新了，社团部长请小杨制作一张个人简历表，给所有想报名的同学填写，效果如图 8-38 所示。

个人简历

姓名		性别		
院系		年级专业		照
籍贯		政治面貌		片
生日		民族		
联系电话		宿舍地址		
相关技能	外语技能			
	计算机技能			
	文学技能			
特长爱好				
个人经历				
自我鉴定				

图 8-38　个人简历效果

微课：表格的插入和编辑

1. 提出任务

任务要求：熟练掌握表格的插入和编辑。能根据需要完成表格的格式设置，包括插入行列、删除行列、合并单元格、行列高宽的设置等。

根据审美需求，能熟练地对表格中的内容进行对齐，并利用边框和底纹功能完成表格的美化。

2. 完成任务

（1）生成表格。输入标题"个人简历"，然后单击"插入"选项卡的"表格"组中的"表格"按钮，如图 8-39 所示，在展开的列表中点击"插入表格"命令，会打开如图 8-40 所示的对话框。

图 8-39 "插入表格"下拉菜单　　　　图 8-40 "插入表格"对话框

在"插入表格"对话框中确定列数 5、行数 11，再单击"确定"按钮即可，会插入如图 8-41 所示的表格。

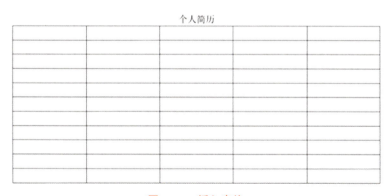

图 8-41 插入表格

（2）设置表格中单元格的行高、列宽。调整表格中单元格的行高和列宽有两种方法。

第一种方法，是将鼠标指针放在行与行、列与列之间的表格线上，当鼠标指针变成一个控制钮时，按住鼠标左键进行拖动就可以调整表格的行高或者列宽。这种方法的缺点是无法准确设置行高和列宽的值。

第二种方法，是选中要操作的行或列，在"表格工具布局"选项卡"单元格大小"组中，可以精确设置行高和列宽的值。但是也有一个前提条件，就是被操作的行或列没有进行过合并单元格的操作，否则设置高度、宽度时会出现错误。

在本案例中，我们使用第二种方法：我们将第一列的宽度设置为 2 cm，可将鼠标定位在第一列中的任意单元格内，在"表格工具布局"选项卡"单元格大小"组中宽度设置为 2 cm（可直接输入 2，单位默认是厘米）；选中第 2 ～ 4 列，设置宽度为 3 cm。选中第 8 ～ 10 行，设置高度为 2 cm。最终结果如图 8-42 所示。

（3）合并拆分表格以调整表格的结构。将鼠标选择第 5 列的 1 ～ 4 行，然后选择新显示的"表格工具布局"选项卡，单击"合并"组中的"合并单元格"按钮。也可以单击鼠标右键，在弹出的右键快捷菜单中选择"合并单元格"命令，即可将这几个单元格合并成一个单元格。结果如图 8-43 所示。

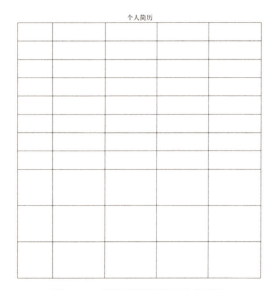

图 8-42　设置单元格的行高和列宽　　　　图 8-43　合并单元格

（4）表格及文字的对齐。按照案例开始时效果图的样式输入表格中的文字，并完成如下格式要求。

1）表格在页面居中。

2）所有文字居中对齐，其中相关技能、特长爱好、个人经历、自我鉴定垂直居中，照片垂直居中，且分散对齐占用 4 个字符位。

具体操作步骤如下：

1）单击表格左上角的 ✛ 图标选中整个表格，点击"开始"选项卡"段落"组中的"居中"命令，将整个表格在页面居中。

2）选中表格中"相关技能、特长爱好、个人经历、自我鉴定"几组字，单击"表格工具布局"选项卡中"对齐方式"组中的文字方向改为纵向，选择"中部居中"命令。设置命令如图 8-44 所示。

3）选中表格中"照片"2 字（注意：选择文字时，不要选择到了文字后面的段落标记），用同上的方法，改为纵向、中部居中的效果。再单击"开始"选项卡"段落"组中的"分散对齐"命令，弹出如图 8-45 所示对话框，将新文字宽度设置为 4 字符。

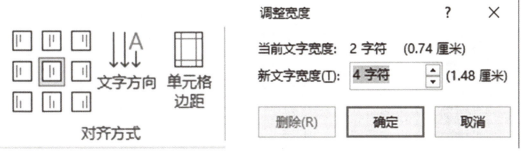

图 8-44　对齐方式　　　　　　　　　图 8-45　调整宽度

4）全部设置完毕后，效果如图 8-46 所示。

个人简历

姓名		性别		
院系		年级专业		照
籍贯		政治面貌		片
生日		民族		
联系电话		宿舍地址		
相关技能	外语技能			
	计算机技能			
	文学技能			
特长爱好				
个人经历				
自我鉴定				

图 8-46　设置效果

（5）利用边框和底纹美化修饰表格。将表格的外边框线设置为 1.5 磅双实线。将第 1、第 3、第 5 列的部分单元格设置为"白色，背景 1，深色 5%"底纹。

1）选中整个表格，选择"表格工具设计"选项卡，在"边框"组中单击"边框"下拉箭头，选择"边框和底纹"命令，如图 8-47 所示，打开"边框和底纹"对话框。

2）在"边框和底纹"对话框中，因为内框线还是单实线，所以在"设置"里单击"自定义"，在"样式"中选择双实线、宽度 1.5 磅，并在右侧预览中设置好。选择方法如图 8-48 所示。

图8-47 "边框"下拉菜单

图8-48 "边框和底纹"对话框

3）选中需要设置底纹的单元格，并在"表格工具设计"选项卡"表格样式"组里单击"底纹"命令，选择"白色，背景1，深色5%"底纹样式，如图8-49所示。

图8-49 "底纹"下拉菜单

4）设置完毕后，整个表格的效果如图8-38所示。

能力拓展

按以下要求，制作一份毕业生个人简历，效果如图 8-50 所示。

（1）使用 A4 纸，上、下页边距为 2 cm，左、右页边距为 3 cm。

（2）第 15 行高度为 1.5 cm，第 16 行高度为 6 cm。

（3）整个表格居中放置，外边框线及部分内框线为双实线。

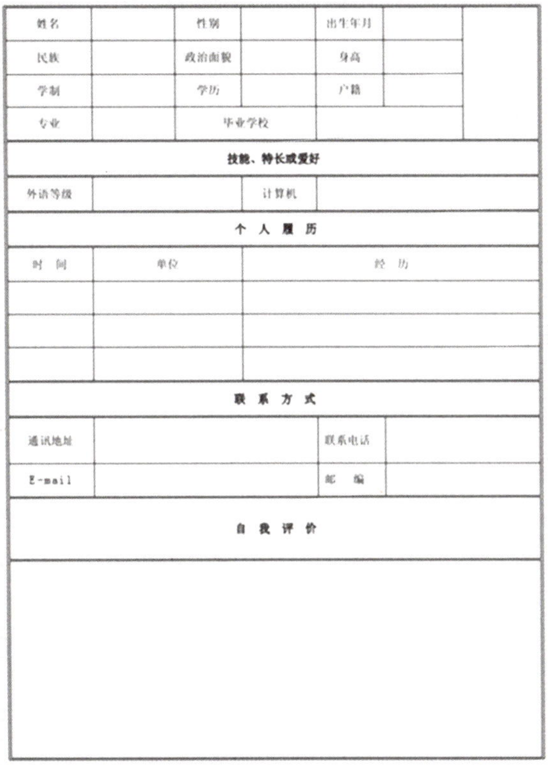

图 8-50　毕业生个人简历

8.3.2　处理表格中的数据

将下面的文字素材转换成表格，绘制一个斜线表头，完成总分及平均分的计算，并按照总分从高到低的顺序进行排序。最终效果如图 8-51 所示。

文字素材如下：

期末成绩表

姓名 语文 数学 英语 计算机 政治 总分 平均分

赵一 85 90 72 63 91

钱二 72 88 75 62 81

张三 91 71 64 83 72
李四 79 74 53 76 68
王五 81 88 93 77 62

期末成绩表

科目 姓名	语文	数学	英语	计算机	政治	总分	平均分
王五	81	88	93	77	62	401	80.20
赵一	85	90	72	63	91	401	80.20
张三	91	71	64	83	72	381	76.20
钱二	72	88	75	62	81	378	75.60
李四	79	74	53	76	68	350	70.00

图 8-51　期末成绩表

1. 提出任务

任务要求：能够在表格中运用公式进行计算，将表格中的数据进行排序。能实现表格与文本之间的相互转换。制作斜线表头。

2. 完成任务

（1）将文字转换成表格。在 Word 中，采用规范化的文字，即每项内容之间以特定的字符（如逗号、段落标记、制表位等）间隔，是可以将其转换成表格的。我们的素材中，所有的文字是以空格作为间隔，可按以下方法实现快速转换成表格的操作。第一步，选中标题"期末成绩表"以外的所有文本；第二步，选择"插入"选项卡"表格"组中的表格菜单，单击"插入表格"命令，文本即会自动转换成表格。效果如图 8-52 所示。

期末成绩表

姓名	语文	数学	英语	计算机	政治	总分	平均分
赵一	85	90	72	63	91		
钱二	72	88	75	62	81		
张三	91	71	64	83	72		
李四	79	74	53	76	68		
王五	81	88	93	77	62		

图 8-52　文字转成表格

（2）制作斜线表头。在 Word 中制作表格时，我们偶尔会制作斜线表头来更好地给数据分类、标识。一般的表格会用到单斜线表头，甚至偶尔会用到多斜线表头。

将表格第 1 行的高度设置为 1.5 cm，再选择有文本"姓名"的单元格，在"表格工具设计"选项卡"边框"组中选择"边框"中的"斜下框线"命令，如图 8-53 所示。

图 8-53　选择"斜下框线"

添加好斜线表头后，输入文本"科目""姓名"，并通过空格和回车的方式将文字放在相应的位置上。2007 版以前的 Word 可以以文本框的方式直接生成斜线表头乃至多斜线表头，但是 2007 版以后取消了这个功能。效果如图 8-54 所示。

期末成绩表

科目　　姓名	语文	数学	英语	计算机	政治	总分	平均分
赵一	85	90	72	63	91		
钱二	72	88	75	62	81		
张三	91	71	64	83	72		
李四	79	74	53	76	68		
王五	81	88	93	77	62		

图 8-54　做斜线表头

（3）公式的使用。Word 的表格自带了公式的简单应用，若要对数据进行复杂的处理，还是需要用到 Excel 来实现。为了便于理解，在图 8-55 中，用 A、B、C、D 等英文字母表示表格的列标，用 1、2、3、4 等数字表示表格的行号，例如"语文"科目所在的单元格为 B1。

	A	B	C	D	E	F	G	H
1	科目 姓名	语文	数学	英语	计算机	政治	总分	平均分
2	赵一	85	90	72	63	91		
3	钱二	72	88	75	62	81		
4	张三	91	71	64	83	72		
5	李四	79	74	53	76	68		
6	王五	81	88	93	77	62		

图 8-55　单元格编号

1）求和计算总分。

①用光标选定 G2 单元格，单击"表格工具 布局"选项卡"数据"组中的"公式"命令，会打开如图 8-56 所示的对话框。对话框公式栏自动插入了一个公式"=SUM（LEFT）"。这个公式表示对该单元格左侧的数字进行求和，如果有小数位数等格式上的要求，可以在"编号格式"里进行选择。单击"确定"按钮即可得出求和的结果。

Word 表格计算公式中的方向指示词共有 4 个，分别是 LEFT、RIGHT、ABOVE 和 BELOW。LEFT 向当前单元格的左边进行计算，RIGHT 向当前单元格的右边进行计算，BELOW 向当前单元格的下边进行计算，ABOVE 向当前单元格的上边进行计算。

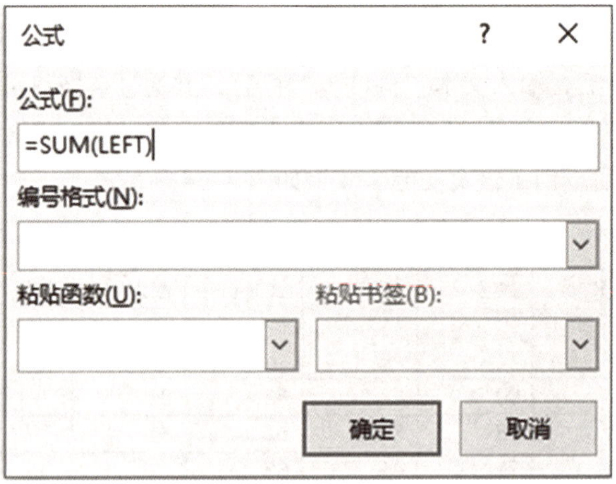

图 8-56　求和计算公式

②其他人的总分，可以通过按 F4 功能键来快速完成。F4 功能键的作用是重复上一步操作。依次将光标切换到 G2、G3……，按 F4 键，可以完成所有人的总分计算。

在 Word 表格中，公式无法使用 Excel 中的填充，所以大量的计算还得依靠 Excel 来实现。

2）求平均值计算平均分。

①用光标选定 H2 单元格，单击"表格工具 布局"选项卡"数据"组中的"公式"命令，将公式栏里添加的默认公式删除，只保留"="。将光标放在"="后，单击"粘贴

函数"下拉列表框，选择"AVERAGE"，在"（ ）"里填写参数"B2：F2"，单击"确定"按钮即可。

②其他人的平均分，无法使用 F4 功能键来实现计算，因为这次公式的参数是一个单元格区域地址，使用 F4 会插入重复的参数"B2：F2"，只能依次分别引用正确的地址来完成每个人的平均分计算。赵一的平均分计算公式如图 8-57 所示。

图 8-57　平均分计算公式

3）公式结果的更新。Word 中公式计算的结果是以域的形式保存的，如果所引用的单元格数据发生了更改，可以将光标放在公式单元格中，再按 F9 功能键即可完成公式结果的更新。

4）数据的排序。Word 表格可以对数进行排序，我们可以根据拼音、笔画、日期或数字对内容以升序或降序进行排序。现在我们来按总分从高到低进行排序，总分相同的话，计算机分数高的人排在前面。

①将鼠标定位在 G2 单元格，单击"表格工具 布局"选项卡"数据"组中的"排序"命令，打开对话框，如图 8-58 所示。

图 8-58　"排序"对话框

②在"主要关键字"一栏选择"总分",类型为"数字","降序"排序;在"次要关键字"一栏选择"计算机",类型为"数字","降序"排序。

③因为有姓名、语文、数学等标题,所以"列表"中选择"有标题行"。单击"确定"按钮即可进行排序。排序结果如图 8-59 所示。

期末成绩表

科目\姓名	语文	数学	英语	计算机	政治	总分	平均分
王五	81	88	93	77	62	401	80.20
赵一	85	90	72	63	91	401	80.20
张三	91	71	64	83	72	381	76.20
钱二	72	88	75	62	81	378	75.60
李四	79	74	53	76	68	350	70.00

图 8-59　排序结果

能力拓展

某销售员销售 A、B、C 三种产品,在四个季度分别完成了一定的销售量,见表 8-1,要求计算出总计、各季平均值及每个季度 3 种产品的销售总计。

表 8-1　销售情况表

产品名	一季度	二季度	三季度	四季度	总计	平均值
A	105	82	97	115		
B	85	72	46	99		
C	117	93	102	85		
季度总计						

8.4　文档的目录、样式和模板

8.4.1　提出任务

李林临近毕业,按照毕业要求需要完成毕业论文。论文指导老师给他发来了"论文编写样稿"。论文编排效果如图 8-60 所示。

微课:文档的目录、样式和模板

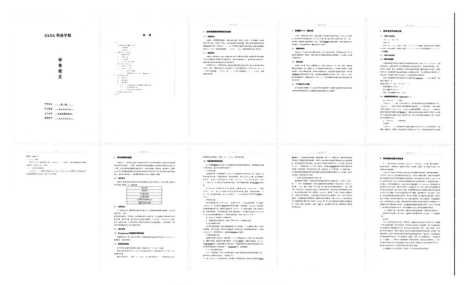

图 8-60　论文编排效果

　　任务要求：分页符和分节符的插入，掌握页眉、页脚、页码的插入和编辑等操作，能够为奇偶页设置不同的页眉内容。

　　掌握样式的创建和修改，掌握目录的制作和编辑操作。

8.4.2　完成任务

1. 制作封面

　　通常每个学校的论文封面会有统一的模板，只要下载并修改其中的部分内容就可以了。封面是没有页码的，效果如图 8-61 所示。

2. 设置页面

　　论文采用 A4 大小纸张，上、下页边距均为 2.54 cm，左、右页边距分别为 3.17 cm 和 2.54 cm；装订线为 0.5 cm。单击"布局"选项卡"页面设置"组右下角的"对话框启动器"按钮，会打开如图 8-62 的对话框，按照图中的参数进行设置。

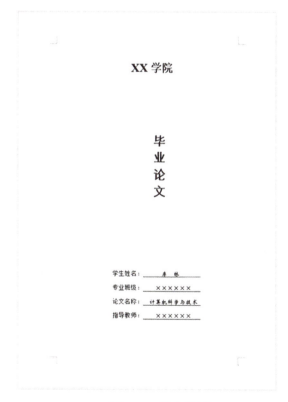

图 8-61　论文封面

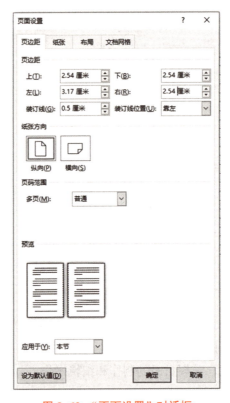

图 8-62 "页面设置"对话框

　　页眉、页脚距边界1 cm，单击"插入"选项卡"页眉和页脚"组，单击"页眉"或"页脚"命令展开下拉菜单，选择编辑，即可进入页眉和页脚的编辑状态，同时打开了"页眉和页脚工具 设计"选项卡，在该选项卡里，可以在"位置"组里设置页眉和页脚所占用的空间，如图8-63所示。

图 8-63 "位置"组

3. 样式的使用

论文的三级标题与正文的样式要求如下。

（1）一级标题：字体为黑体、字号为三号，加粗，对齐方式为居中，段前、段后均为0行，1.5倍行距。

（2）二级标题：字体为楷体、字号为四号，加粗，对齐方式为左对齐，段前、段后均为0行，1.25倍行距。

（3）三级标题：字体为楷体、字号为小四，加粗，对齐方式为左对齐，段前、段后均为0行，1.25倍行距。

（4）论文正文：中文字体为宋体，西文字体为Times New Roman，字号均为小四号，首行缩进2个字符，1.25倍行距。

样式的使用方法如下：

（1）创建新样式。为了能够更方便地完成论文正文的排版要求，将这四种论文要用到的样式提前创建好，以便使用。

1）先将光标置于文档的结尾处，可以按CTRL+END组合键将光标跳转到结尾。

2）单击"开始"选项卡"样式"组右下角的"对话框启动器"按钮，打开"样式"任务窗格，如图8-64所示。

3）单击最左下角的"新建样式"按钮，会打开如图8-65所示的对话框。在"名称"一栏输入"论文正文"，依次单击对话框左下角的"格式"中的"字体"和"段落"命令，在打开的对话框中，按"中文字体为宋体，西文字体为Times New Roman，字号均为小四号，首行缩进2个字符，1.25倍行距"的要求，设置论文正文的字体和段落样式。特别要注意，在"段落"格式设置时，要取消"如果定义了文档网格，则对齐到网格"复选框。

图 8-64　"样式"任务窗格

图 8-65　根据格式化创建新样式

157

4）使用上述方法，依次新建"论文一级标题""论文二级标题""论文三级标题"等样式。需要注意的是，在"根据格式化创建新样式"对话框中，"样式基准"统一设置为"正文"，"后续样式基准"统一设置为"论文正文"。在三个标题样式的"段落"格式设置中，大纲级别要分别设置为1级、2级、3级，如图8-66所示。

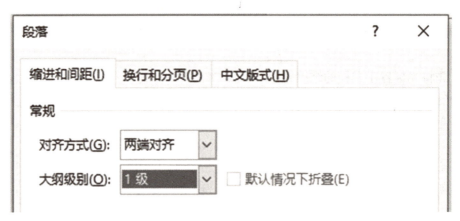

图8-66 段落格式

（2）修改样式。如果需要对已经设置好的样式进行修改，在"开始"选项卡"样式"组中，右击所要修改的样式，会弹出"修改样式"对话框。在对话框中进行修改，然后单击"确定"按钮即可。

（3）应用新样式。现在要通过"开始"选项卡"样式"组中添加的样式，来将各个标题和正文分别设置成对应的格式。如图8-67所示，样式中前四个就是刚才新建的样式。

图8-67 "样式"组

1）选择所有的正文内容，包括标题，应用"论文正文"样式。

2）将光标置于需要设置样式的标题行内，分别设置成需要的"论文一级标题""论文二级标题""论文三级标题"样式。

（4）删除样式。在Word中，用户可以删除样式，但不能删除内置样式。删除样式时，在"开始"选项卡"样式"组中，右击所要删除的样式，选择"从样式库中删除"即可。

（5）导航窗格的使用。在完成了标题样式的应用后，文章会产生标题大纲，显示在导航窗格中（图8-68），导航窗格在"视图"选项卡"显示"组中，勾选"导航窗格"前的复选框即可。

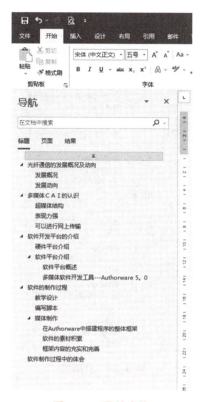

图 8-68　导航窗格

4. 分页符与分节符（下一页）的使用

在论文编排中，每一个章节（一级标题）都应该另起一页，有些初学者会通过回车的方式来进行换页，但是这种方法并不严谨。正确的方法是使用"分页符"或者"分节符（下一页）"来实现。

"分页符"的作用是进行分页，前后还是同一节；"分节符（下一页）"的作用是分节，可以在同一页中分节，也可以在分节的同时换页。

它们的区别主要体现在页眉和页脚设置中，假设整篇文章只使用同一个页眉和页脚，可以只使用"分页符"。

但如果在文档编排中，某几页需要横排，或者需要不同的纸张、页边距等，又或者每个章节的页眉要使用不同的内容，比如在文档编排中，封面、目录等的页眉、页脚、页码与正文部分需要不同，就需要将首页、目录等作为单独的节，那就需要使用"分节符（下一页）"，来将这几页单独设为一节，与前后内容不同节。

在本篇论文的排版中，需要将首页、目录、正文分为三个部分，采用单独的页眉页脚设置，所以要用到"分节符（下一页）"。

"分页符"和"分节符（下一页）"的位置在"布局"选项卡"页面设置"组中，单击"分隔符"，在下拉菜单中可以找到两者，如图 8-69 所示。

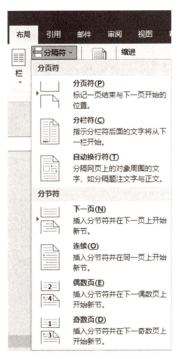

图 8-69　分隔符

（1）使用分节符（下一页）。

1）现在已经将标题样式设置好了，整篇文档的状态如图 8-70 所示。

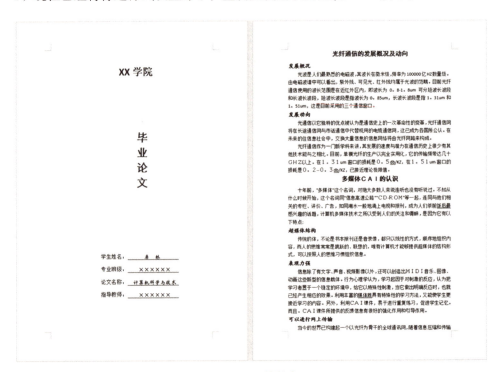

图 8-70　文档状态

2）将光标定位在正文"光纤通信……"的最前面，单击"布局"选项卡"页面设置"组中的"分隔符"，在下拉菜单中单击"分节符（下一页）"。此时，页面上并无什么变化，但如果进入页眉的编辑状态，会发现文章分成了两节，如图 8-71 所示。

图 8-71　插入分节符

3）光标还是在原来的位置，再次单击"分节符（下一页）"，这时文档在封面与正文之间多出一个空白页，这是准备用来放目录的预留页面。同时文档被分为了三节，分别是第 1 节封面、第 2 节目录（尚未制作）、第 3 节正文，如图 8-72 所示。

图 8-72　再次插入分节符

（2）使用分页符。利用分页符，将正文中各章分别排在新的一页。步骤如下。

1）将光标定位在第 2 章的开始处，单击"布局"选项卡"页面设置"组"分隔符"，在下拉菜单中选择"分页符"命令即可将它推后到新的一页。

2）用此方法依次将所有的章节都排在新的一页开始，如图 8-73 所示。

如果后面设置页眉、页脚时，想让每章都使用不同的页眉、页脚，则此处仍应使用"分节符（下一页）"来完成分页的操作。

图 8-73　插入分页符

5. 利用多级列表制作多级标题

文档做到现在，有一个问题，观察图8-74，文档中有一、二、三级标题，是不是看不出什么层次？一般长文档都是按照章节来组织内容的，可以用编号的方式来突显文档结构层次。如何为章节进行自动编号呢？这就需要用到多级列表，而多级列表又是以样式概念为基础的。

比如毕业论文中要求章节使用多级标题，即一级标题（章）使用编号形式为"第X章"，二级标题（节）使用编号形式为"X.Y"，三级标题（小节）使用编号形式为"X.Y.Z"。并且X、Y、Z为自动编号，当对文档标题进行增删时，能自动产生正确的编号，如图8-75所示的效果。

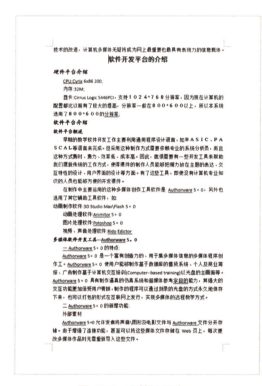

图8-74　文档无层次

图8-75　文档分层次

利用多级列表功能为标题设置自动编号的步骤如下：

（1）单击"开始"选项卡"段落"组中的"多级列表"命令，在图8-76的下拉菜单中单击"定义新的多级列表"。

（2）在弹出的对话框中，自行设定多级列表。先设置第一级编号。选择"单击要修改的级别"列表框的"1"，在"编号格式"选项组中设定"此级别的编号样式"为阿拉伯数字，在"输入编号的格式"文本框中编号"1"的两边自行输入文字，使编号格式为"第1章"，可以看到"1"是有灰色底纹的、是自动编号的域，而"第"和"章"是普通文本。单击"更多"按钮，在右侧展开的更多选项设置中，"将级别链接到样式"选择"论文一级标题"，如图8-77所示。

图 8-76　"多级列表"下拉菜单

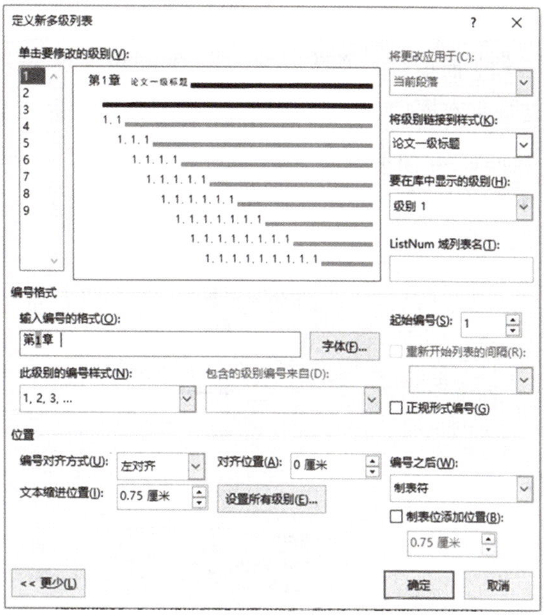

图 8-77　定义新多级列表

（3）设置二级编号。选择"单击要修改的级别"列表框的"2"，将"输入编号的格式"文本框清空，首先选择"包含的级别编号来自"为"级别 1"，可以在"输入编号的格式"文本框中看到自动编号"1.1"，最后设置"将级别链接到样式"下拉框为"论文二级标题"。如果不想要标题有缩进效果，可以在"位置"一栏，将"对齐位置"和"文本缩进位置"都设置为 0，如图 8-78 所示。

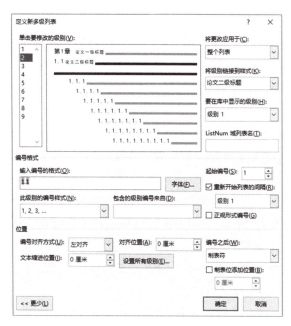

图 8-78　设置二级编号

（4）设置三级编号。选择"单击要修改的级别"列表框的"3"，将"输入编号的格式"文本框清空，首先选择"包含的级别编号来自"为"级别1"，可以在"输入编号的格式"文本框中看到自动编号"1.1.1"，最后设置"将级别链接到样式"下拉框为"论文三级标题"。如果不想要标题有缩进效果，同样可以在"位置"一栏，将"对齐位置"和"文本缩进位置"都设置为0，如图8-79所示。

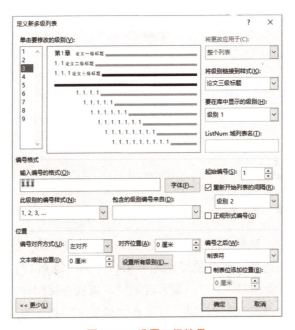

图8-79 设置三级编号

（5）设置完毕，可以看到文章的各级标题前都添加了自动编号。单击编号可以看到编号带有灰色底纹，这是一种域。在后面的操作中，如添加题注或页眉页脚，若需包含章节编号，Word就可以自动提取了。另外，因为文中的各个层次标题都设置了自动编号，在移动、删除、添加编号项时，Word将会自动更新编号，进行长文档的编排非常方便。

6. 目录

目录的作用是列出文档中各级标题及其所在的页码，按住Ctrl键并单击目录中的文本，就可以快速定位到该文本所对应的位置。Word提供了手动生成目录和自动生成目录两种方式。

一般在长文档编排过程中，选择自动生成目录，这样当文档内容发生改变时，用户只需更新目录即可。可以使用Word中的内置标题样式和大纲级别来创建目录。

（1）创建目录。用标题样式创建目录时，首先需要按照整个文档的层次结构为将要显示在目录中的项目设置相应的标题样式。创建目录的具体步骤如下：

1）将光标定位在要插入目录的位置。

2）单击"引用"选项卡"目录"组，在弹出的下拉列表中选择"内置"选项组中的相应目录样式，即可在相应位置插入目录，如图8-80所示。

选择"自动目录 1"，即可生成如图 8-81 所示的目录。

图 8-80　"目录"下拉菜单　　　　　图 8-81　自动目录 1

3）若要对插入的目录进行自定义设置，可选择"自定义目录"选项，将打开"目录"对话框，如图 8-82 所示。我们可以自己定义是否显示页码、页码对齐方式、制表符前导符的样式等。在"常规"选项组中设置目录格式和显示级别。

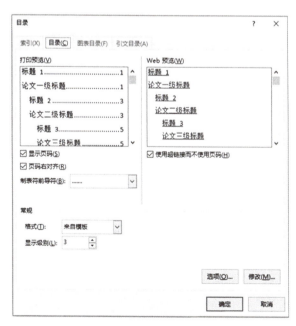

图 8-82　"目录"对话框

单击对话框右下角的"选项"按钮，将弹出"目录选项"对话框，在这里可以设置文档中的哪些内容出现在目录中。

若文档中有些内容不是标题样式，而又想使其出现在目录中，可以将其设为相应的大纲级别，并在"目录"选项组中将"大纲级别"复选框选中。单击"目录"对话框的"修改"按钮，将弹出"样式"对话框，在这里可以修改目录中各级目录项的格式，其修改方法与修改样式类似。

通常来说，使用自动目录即可。

（2）修改、删除目录。生成的目录项是以域的形式存在的。创建目录后，如果对文档进行了修改，目录中的标题和页码是不会自动更新的，需要我们手动更新目录才能保持目录和文档的一致性。更新目录的操作步骤如下：

1）将光标放置在目录的任意位置。

2）单击"引用"选项卡中"目录"组的"更新目录"按钮，或单击右键，在弹出的快捷菜单中选择"更新域"命令，打开如图 8-83 所示的"更新目录"对话框。用户可根据需求，选择"只更新页码"或者"更新整个目录"对目录进行修改。

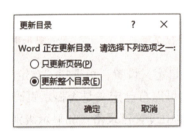

图 8-83　"更新目录"对话框

3）如果要删除目录，可在"引用"选项卡中单击"目录"下拉按钮，在弹出的下拉面板中选择"删除目录"选项。也可以选中目录所有文字按退格键删除。

7. 页眉和页脚的设置

页眉和页脚通常用于显示文档的附加信息，如作者名称、章节名称、页码、日期等。页眉位于页面顶部，页脚位于页面底部。

在论文中，封面、目录是不设置页眉和页脚（页码）的，正文部分需要设置页眉和页码，其中页眉中奇数页页眉显示"毕业论文"，偶数页页眉显示"计算机科学与技术"。

（1）插入页眉页脚。单击"插入"选项卡，在"页眉页脚"组中单击"页眉"下拉按钮，在弹出的下拉列表中选择合适的页眉样式，如"空白"，此时页面顶端出现页眉，在文字区域输入页眉文字即可，如图 8-84 所示。

图 8-84　插入页眉

插入页眉的同时，Word 也插入了默认样式的页脚。插入页眉或页脚后，系统自动打开"页眉和页脚工具设计"选项卡，通过"导航"组的"转至页眉"或"转至页脚"按钮可以在页眉区和页脚区进行切换，如图 8-85 所示。

图 8-85　"页眉和页脚工具设计"选项卡

插入页脚的操作和插入页眉类似。用户可以直接在页眉和页脚区域中输入所需的文字，也可以通过"页眉和页脚工具设计"选项卡上的"插入"组的按钮，选择想要插入页眉和页脚中的内容如页码、日期、时间、图片等信息。创建好页眉和页脚后，单击正文编辑区域或者单击"关闭页眉和页脚"按钮即可退出页眉和页脚的编辑状态。如果需要再次编辑，只需双击页眉和页脚区域即可。

（2）页眉页脚的高级设置。在编辑长文档时，经常需要设置各种各样的页眉页脚，在本篇论文中，封面、目录是不设置页眉和页脚的，而正文的奇数页与偶数页有不同的页眉页脚，现在我们打算在奇数页页眉是论文名称，偶数页页眉是章节名称。例如，奇数页页眉显示"毕业论文"，偶数页页眉显示论文名称，如"计算机科学与技术"，正文页脚为阿拉伯数字格式的页码。具体步骤如下：

1）为文档进行分节。为文档不同部分设置不同的页眉页脚，必须对文档进行分节，在上一部分使用"分节符（下一页）"已经完成了这项工作。

2）设置奇偶页不同的页眉页脚。在"页眉和页脚工具设计"选项卡中，勾选"选项"组的"奇偶页不同"复选框。此时文档奇数页页眉页脚区将分别显示"奇数页页眉""奇数页页脚"；偶数页页眉页脚区分别显示"偶数页页眉""偶数页页脚"，如图 8-86 所示。

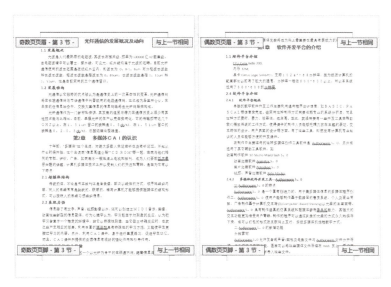

图 8-86　设置奇偶页不同的页眉页脚

3）断开各节之间页眉页脚的链接。默认情况下，各节的页眉页脚存在链接关系，即默认使用上一节的页眉页脚内容。当更改了某节的页眉页脚时，将影响其他节的页眉页脚，断开节间的链接关系后，每节的页眉页脚设置便不再相互影响了。

将光标分别放在第2节（目录页）的页眉区，选择"页眉和页脚工具设计"选项卡，单击"导航"组中的"链接到前一条页眉"按钮，则页眉区右侧的"与上一节相同"字样消失。再将光标定位到页脚区，将页脚区的"与上一节相同"字样去掉。

由于文档设置了奇偶页不同的页眉页脚，在断开链接时，奇偶页页眉页脚要分别设置。用同样的操作方法将第1章的奇偶页页眉页脚区的"与上一节相同"字样去掉。

4）设置正文中的页眉，分别在奇数页页眉和偶数页页眉处输入相应的字符等。

（3）插入页码。在目录页的奇数页和偶数页的页脚区中分别插入页码，如图8-87所示。

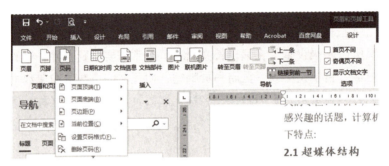

图8-87 "页码"下拉菜单

如果有特殊格式的要求，则单击"设置页码格式"命令打开对话框进行设置，比如想设置起始页码数、改其他页码格式等，如图8-88所示。

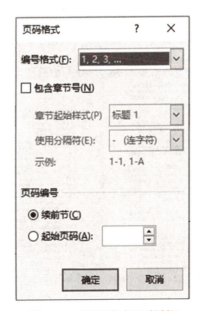

图8-88 "页码格式"对话框

（4）删除页眉页脚。当文档中不再需要页眉时，可能需要将其删除，方法为：双击要删除的页眉区，进入页眉编辑状态，按 Ctrl+A 组合键选取页眉区内所有内容，按 Delete 删除键即可。

拓展阅读

Word 常用快捷键命令

Ctrl+B：把文本变成粗体

Ctrl+I：把文本变成斜体

Ctrl+U：给文本添加下划线

Ctrl+C：复制所选的文本或对象

Ctrl+V：粘贴所选的文本或对象

Ctrl+X：剪切所选的文本或对象

Ctrl+Z：撤销上一步操作

Ctrl+Y：重复上一步操作

Ctrl+L：段落左对齐

Ctrl+E：段落居中

Ctrl+R：段落右对齐

Ctrl+A：全选内容

Ctrl+N：创建文档

Ctrl+O：打开文档（O 为英文字母）

Ctrl+F：查找

Ctrl+0：在段前加一空行（0 为数字零）

Ctrl+1：单倍行距

Ctrl+2：双倍行距

Ctrl+5：1.5 倍行距

Ctrl+]：逐磅增大文字

Ctrl+[：逐磅减小文字

Ctrl+=：把所选文字设置成下标（＝为等于号）

Ctrl+F10：最大化、最小化窗口切换

Ctrl+F12：打开文件

Alt+Shift+1：应用"标题 1"样式

Alt+Shift+2：应用"标题 2"样式

Alt+Shift+3：应用"标题 3"样式

Shift+Pg Dn：文档的下一页（Pg Dn 是 Page Down 的缩写）

Shift+Pg Up：文档的上一页（Pg Up 是 Page Up 的缩写）

Ctrl+Shift+J：段落两端对齐

Ctrl+Shift+<：缩小文字（<为小于号）

Ctrl+Shift+>：增大文字（>为大于号）

Ctrl+Shift+P 或 Ctrl+D：设置字体样式

Ctrl+Shift++：把所选文字设置成上标（+为加号）

Ctrl+Shift+N：应用正文（如：按该快捷键可以将标题设置成正文）

Ctrl+Shift+Home：文档第一页

Ctrl+Shift+End：文档最后页

F12：另存为命令

❯ 本章小结

　　本章通过实例的形式，介绍了 Word 文档的基本编辑，制作公司简介，个人简历的制作，处理表格中的数据，文档的目录、样式和模板等内容。通过本章的学习，对使用 Word 软件进行文档处理与制作的方法有基础的认识，在工作和生活中能熟练应用 Word 进行文档的处理与制作。

❯ 思考与练习

　　1. 使用 Word 2016 制作一份国庆放假通知。要求采用合适的图片，进行图文混排。

　　2. 使用 Word 2016 制作一份本学期本专业的课程表。

　　3. 制作本班各科期末成绩汇总表，统计总成绩和平均分，并按成绩进行排序。

第9章
Excel 2016 电子表格制作与数据处理

知识目标：

掌握新建、保存、打开和关闭工作簿，切换、插入、删除、重命名、移动、复制等操作；单元格、行和列的相关操作，设置数据有效性和设置单元格格式的方法；边框、对齐等常用格式设置；公式和常见函数的使用；利用表格数据制作常用图表的方法；自动筛选、自定义筛选、高级筛选、排序和分类汇总等操作；数据透视表、数据透视图的创建。

能力目标：

能在工作和生活中熟练应用 Excel 进行电子表格制作与数据处理。

素养目标：

能够灵活运用所学知识，对于相关实际问题的解决创新性地提出合理建议的能力。

👤 案例导入

Excel 简介

Microsoft Excel 是微软公司为使用 Windows 和 Apple Macintosh 操作系统的电脑编写的一款电子表格软件。直观的界面、出色的计算功能和图表工具，再加上成功的市场营销，使 Excel 成为最流行的个人计算机数据处理软件。

Excel 是第一款允许用户自定义界面的电子制表软件（包括字体、文字属性和单元格格式）。它还引进了"智能重算"的功能，当单元格数据变动时，只有与之相关的数据才会更新，而原先的制表软件只能重算全部数据或者等待下一个指令。同时，Excel 还有强大的图形功能。

本章将以实例的形式，介绍 Excel 2016 电子表格制作与数据处理的具体应用。

9.1 制作员工档案表

9.1.1 提出任务

小李在东方公司担任行政助理，年初小李需要制作公司员工档案表，方便管理员工数据。效果如图 9-1 所示。

图 9-1　员工档案表

任务要求：熟练掌握电子表格的新建、打开、保存、关闭。掌握各种类型数据的录入方法，掌握工作表和单元格的编辑，能够根据需要进行表格格式设置，使得显示更加美观。

9.1.2 完成任务

1. 启动 Excel 2016 并保存文件

启动 Excel 2016 后，系统自动新建了一个空白工作簿 1（图 9-2），单击"文件"选项卡中的"保存"将文件保存为"员工档案表 .xlsx"。

图 9-2　Excel 工作界面

2. 输入数据

（1）输入员工编号、姓名、性别、部门、职务、身份证号、出生日期、学历。对于文本型数据可以直接输入。

1）双击 A1 单元格，输入表标题"东方公司员工档案表"，按 Enter 键确认。

2）双击 A2 单元格，输入"员工编号"。并依次双击后边单元格，依次输入各字段名称如"姓名""性别"等。

（2）输入员工编号。双击 A3 单元格，输入"DF001"，将光标移到单元格右下角的填充柄上，当光标变成黑色十字的时候，同时按住 Ctrl 和鼠标左键向下拖动填充数据。

（3）输入身份证号。身份证号应作为文本输入，可以先输入一个英文单引号"'"，再输入相应的数字，也可以先将单元格的数据类型改为文本类型。为了更快捷地输入数据，我们设置相应单元格为文本格式。

1）设置单元格数据类型为文本类型。选中 F3 ：F20 单元格区域，右击鼠标，在快捷菜单中选择"设置单元格格式"，弹出"设置单元格格式"对话框，选择"数字"选项卡中的"文本"，单击"确定"按钮，如图 9-3 所示。

2）输入身份证号码。身份证号码的长度为固定的 18 位，所以可以设置文本长度为18，设置好后再输入，可避免数据长度错误。单击"数据"选项卡，选择"数据验证"，弹出"数据验证"对话框，如图 9-4 所示。

图 9-3 "设置单元格格式"对话框

图 9-4 "数据验证"对话框

（4）输入性别和部门。员工所属部门的数据值是固定的几个，所以可以设置下拉列表，从中选择输入，这样可以大大提高录入数据的速度。操作步骤如下：

1）选择部门列的第一个要输入数据的单元格 D3。

2）单击"数据"选项卡，选择"数据验证"，弹出"数据验证"对话框。

3）在"设置"选项卡"允许"下拉列表中选择"序列"，在"来源"文本框中输入各个部门的名称：管理、人事、销售、研发、行政。注意部门名称之间要用英文半角逗号分隔，如图 9-5 所示。

图 9-5　"设置"下拉列表

4）单击"输入信息"选项卡，选中"选定单元格时显示输入信息"复选框，在"标题"文本框中输入"部门"，在"输入信息"文本框中输入"从指定下拉列表中选择输入部门"，如图 9-6 所示。

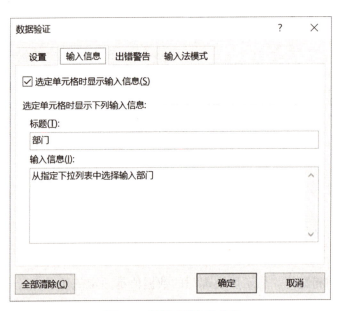

图 9-6　设置"输入信息"

5）选择"出错警告"选项卡，选中"输入无效数据时显示出错警告"复选框，在"标题"文本框中输入"部门"，在"错误信息"文本框中输入"输入数据出错！"，如图 9-7 所示。全部设置完成后单击"确定"按钮。

图 9-7 "出错警告"选项卡

6）选中 D3 单元格，光标指向填充柄，向下拖动鼠标左键，将上述三步数据验证设置复制到下面其他单元格，这样，在输入每个员工的部门时，只需从指定的下拉列表中选择输入即可，即使输错也会出现错误警告信息。

7）性别的输入为"男""女"，请参照部门的输入。

（5）输入入职时间。先将所属列设置为"日期"格式，然后输入日期即可，可以选择"2013-5-11"或"2013/5/13"格式输入日期型数据。具体操作步骤如下。

选中"参加工作日期"所在列，右击，在快捷菜单中选择"设置单元格格式"，在弹出的"设置单元格格式"对话框中点"数字"选项卡，然后选择"日期"命令，在对话框右侧选择日期显示类型，单击"确定"按钮。

（6）输入基本工资。

1）在 K3 ：K20 单元格中输入基本工资数据。

2）添加货币符号"￥"，设置 2 位小数，操作如下。

选中 K 列，单击"开始"选项卡中的"数字"选项卡右下角的箭头符号，弹出"设置单元格格式"对话框，选择"数字"选项卡中的"会计专用"选项，添加人民币货币符号，保留 2 位小数，如图 9-8 所示。

图 9-8 "设置单元格格式"对话框

3. 表格格式设置

（1）通过合并单元格，将表名"东方公司员工档案表"放于整个表的上端、居中，并调整字体、字号。

选中 A1 ：M1 单元格区域，单击"开始"选项卡"对齐方式"组中的"合并后居中"

按钮，设置表名居中，将文字颜色设置为红色，14号宋体。

（2）调整表格各列宽度、对齐方式，添加边框线，使得显示更加美观。并设置纸张大小为A4、横向，整个工作表需调整在1个打印页内。

1）设置列宽。将光标移到列号A上，拖动鼠标选中A：M列，双击列的分割线，调整列的宽度为自动适应文本的宽度。

2）设置行高。将光标移到行号上，选中2到20行，单击"开始"选项卡"单元格"组中的"格式"，设置行高为15。第1行行高设置为20。

3）设置边框线。单击"开始"选项卡"字体"组中的"边框"的下拉按钮，选择"其他边框"，在弹出的对话框中，设置外框线为深红色双线，内部线为蓝色单线，如图9-9所示。

图9-9　设置边框线

4）设置底纹颜色。单击"开始"选项卡"样式"组中的"单元格样式"，选择"主题单元格样式"为"冰蓝-20%-着色1"。

4. 复制并重命名工作表

（1）把sheet1重命名为"员工档案"，操作如下。

双击工作表sheet1标签，输入"员工档案"后按Enter键。或者右击sheet1弹出快捷菜单，在快捷菜单中选择"重命名"命令。

（2）复制工作表。在"员工档案"表标签上按住Ctrl键向右拖拽，出现一个加号页面时松开，则生成"员工档案（2）"，将新生成的表重命名为"员工档案副本"。

5. 保存工作簿

单击"文件"选项卡中的"保存"命令，保存工作簿。

能力拓展

请参考员工档案表的制作方法，完成图 9-10 所示的员工工资表的制作。

东方公司2014年3月员工工资表

序号	员工号	姓名	部门	基础工资	奖金	补贴	扣除病事假	应付工资合计	扣除社保	应纳税所得额	应交个人所得税	实发工资
1	DF001	包宏伟	管理	40,600.00	500.00	260.00	230.00	41,130.00	460.00	37,170.00	7,504.50	33,165.50
2	DF002	陈万地	管理	3,500.00		260.00	352.00	3,408.00	309.00			3,099.00
3	DF003	张惠	行政	12,450.00	500.00	260.00		13,210.00	289.00	9,421.00	1,350.25	11,570.75
4	DF004	闫朝霞	人事	6,050.00		260.00	130.00	6,180.00	360.00	2,320.00	127.00	5,693.00
5	DF005	吉祥	研发	6,150.00		260.00		6,410.00	289.00	2,621.00	157.10	5,963.90
6	DF006	李燕	管理	6,350.00	500.00	260.00		7,110.00	289.00	3,321.00	227.10	6,593.90
7	DF007	李娜娜	管理	10,550.00		260.00		10,810.00	289.00	7,104.00	865.80	9,738.20
8	DF008	刘康锋	研发	15,550.00	500.00	260.00	155.00	16,155.00	308.00	12,347.00	2,081.75	13,765.25
9	DF009	刘鹏举	销售	4,100.00		260.00		4,360.00	289.00	571.00	17.13	4,053.87
10	DF010	倪冬声	研发	5,800.00		260.00	25.00	6,035.00	289.00	2,246.00	119.60	5,626.40
11	DF011	齐飞扬	销售	5,310.00		260.00		5,310.00	289.00	1,521.00	47.10	4,973.90
12	DF012	苏解放	研发	3,000.00		260.00		3,260.00	289.00			2,971.00
13	DF013	孙玉敏	管理	12,450.00	500.00	260.00		13,210.00	289.00	9,421.00	1,350.25	11,570.75
14	DF014	王清华	行政	4,850.00		260.00		5,110.00	289.00	1,321.00	39.63	4,781.37
15	DF015	谢如康	管理	9,800.00		260.00		10,060.00	309.00	6,251.00	695.20	9,055.80

图 9-10　员工工资表

9.2　公式与函数

微课：公式与
函数

9.2.1　提出任务

小李在东方公司担任行政助理，现在小李需要将公司员工档案表的其他信息计算出来。请试试利用 EXCEL 的公式与函数，帮小李完善员工档案表。

完成后效果如图 9-11 所示。

图 9-11　效果图

任务要求：熟练掌握 Excel 中常用函数、IF 函数、Vlookup 函数、公式的使用，掌握单元格的相对引用和绝对引用，掌握公式的使用方法，能根据实际情况灵活选用所需函数解决实际问题。

（1）利用 MID 函数，根据身份证号提取出出生日期。

（2）利用日期函数计算工龄。

（3）计算工龄工资，掌握单元格的绝对引用和相对引用。

（4）计算基础工资，掌握公式的使用。

（5）利用 IF 函数，计算补贴。

（6）利用 Vlookup 函数，计算职务工资。

（7）计算总工资、最高工资、最低工资、平均工资，员工人数。

9.2.2 完成任务

1. 计算出生日期

（1）双击 G3 单元格，在编辑栏输入公式：=MID（F3，7，4）&" 年 "&MID（F3，11，2）&" 月 "&MID（F3，13，2）&" 日 "（图 9-12），按 Enter 键，然后双击填充柄复制公式得出其他结果。

图 9-12　输入公式

（2）函数 MID（F3，7，4）表示：从 F3 单元格的第 7 位开始，提取 4 位出来，即提取了年份。

（3）文本运算符"&"（与）：可将两个或多个文本值串起来产生一个连续的文本值。例如：输入"祝你"&"快乐、开心"（注意：文本输入时需加英文引号）会生成"祝你快乐、开心！"。

（4）认识公式和函数。公式是对工作表中的数据进行计算的表达式。要输入公式必须先输入"="，然后再在其后输入表达式，否则 Excel 会将输入的内容作为文本型数据处理。表达式由运算符和参与运算的操作数组成。运算符可以是算术运算符、比较运算符、文本运算符和引用运算符；操作数可以是常量、单元格引用和函数等。

函数是预先定义好的表达式，它必须包含在公式中。每个函数都由函数名和参数组成，其中函数名表示将执行的操作（如求平均值函数 AVERAGE），参数表示函数将作用的值的单元格地址，通常是一个单元格区域（如 A2 ：B7 单元格区域），也可以是更为复杂的内容。在公式中合理地使用函数，可以完成诸如求和、逻辑判断和财务分析等众多数据处理功能。

（5）公式的输入与编辑。要输入公式，可以直接在单元格中输入，也可以在编辑栏中输入，输入方法与输入普通数据相似。公式的输入要以"="开头。

公式的使用步骤如下。

1）双击选定需要得到结果的单元格。

2）单元格中输入等号后输入操作数和运算符。

3）按 Enter 键得到结果。

4）使用填充柄复制公式（拖动单元格右下角的填充柄到合适位置）。

也可在输入等号后单击要引用的单元格，然后输入运算符，再单击要引用的单元格（引用的单元格周围会出现不同颜色的边框线，它与单元格地址的颜色一致，便于用户查看）。

移动和复制公式的操作与移动、复制单元格内容的操作方法是一样的。所不同的是，移动公式时，公式内的单元格引用不会更改，而复制公式时，单元格引用会根据所用引用类型而变化，即系统会自动改变公式中引用的单元格地址。

要修改公式，可单击含有公式的单元格，然后在编辑栏中进行修改，或双击单元格后直接在单元格中进行修改，修改完毕按 Enter 键确认。

删除公式是指将单元格中应用的公式删除，而保留公式的运算结果。

2. 计算工龄

（1）单击 J3 单元格，输入公式：=INT（（TODAY（）–I3）/365），算出第一个结果后，用填充柄快速算出其他结果。

（2）TODAY（）为日期函数，表示获取系统当前的日期。

（3）INT（）函数为向下取整函数，结果只保留整数部分。

（4）常用函数见表 9-1。

表 9-1　常用函数

函数类型	函数	使用范例
常用	SUM（求和）、AVERAGE（求平均值）、MAX（求最大值）、MIN（求最小值）、COUNT（计数）等	=AVERAGE（A2：A7）表示求 A2：A7 单元格区域中数字的平均值
逻辑	IF（如果）、AND（与）、OR（或）	=IF（A3>=B5，A3*2，A3/B5）使用条件判断 A3 是否大于或等于 B5，如果条件为真，得到结果 A3*2，否则结果为 A3/B5
查找与引用	VLOOKUP（查找）、ROW（返回行号）	=ROW（A10）表示返回引用单元格所在行的行号
日期与时间	DATE（日期）、HOUR（小时）、SECOND（秒）、TIME（时间）	=DATE（C2,D2,E2）表示返回 C2、D2、E2 所代表日期的序列号

3. 计算工龄工资

（1）双击 L3 单元格，输入公式：=J3*工龄工资!$B$3，算出结果。

（2）"工龄工资!$B$3"为绝对引用"工龄工资"工作表中的 B3 单元格的数据。

（3）相同或不同工作簿、工作表中的引用。

1）引用不同工作表间的单元格。在同一工作簿中，不同工作表中的单元格可以相互引用，它的表示方法为："工作表名称!单元格或单元格区域地址"。如：Sheet2!F8：F16。

2）引用不同工作簿中的单元格。在当前工作表中引用不同工作簿中的单元格的表示方法为：

[工作簿名称.xlsx] 工作表名称！单元格（或单元格区域）地址

（4）相对引用、绝对引用和混合引用。

1）相对引用，是指引用单元格的相对地址，其引用形式为直接用列标和行号表示单元格，例如 B5，或用引用运算符表示单元格区域，如 B5：D15。该方式下如果公式所在单元格的位置改变，引用也随之改变。默认情况下，公式使用相对引用，如前面讲解的复制公式就是如此。

引用单元格区域时，应先输入单元格区域起始位置的单元格地址，然后输入引用运算符，再输入单元格区域结束位置的单元格地址。

2）绝对引用，是指引用单元格的精确地址，与包含公式的单元格位置无关，其引用形式为在列标和行号的前面都加上"$"符号。例如，若在公式中引用 $B$5 单元格，则不论将公式复制或移动到什么位置，引用的单元格地址的行和列都不会改变。

3）混合引用，引用中既包含绝对引用又包含相对引用的称为混合引用，如 A$1 或 $A1 等，用于表示列变行不变或行变列不变的引用。

如果公式所在单元格的位置改变，则相对引用改变，而绝对引用不变。

4. 计算基础工资

单击 M3 单元格，输入公式：=K3+L3，计算出基础工资，再双击填充柄计算出其他单元格数据。

5. 计算职务工资

（1）给单元格命名。选中工龄工资表的 A6：B13 单元格区域，在名称框中输入"职务工资"，按 Enter 键（图 9-13）。

图 9-13　给单元格区域命名

（2）利用 Vlookup 查找函数计算职务工资。双击 N3 单元格，输入：=vlookup（），然后单击编辑栏左边的 fx 按钮。弹出函数参数对话框。按图 9-14 所示进行设置。第一个参数为查询值，第二个参数为查询范围，第三个参数为查询结果在查询范围的第几列。第四个参数表示查询方式，为 0 表示精确查询。本例是根据员工的职务查找他相应的职务工资。而职务和职务工资的对应关系在工龄工资表。

注意事项：

（1）查询值必须为查询范围的首列。

（2）如果查询范围没有命名，则要记得绝对引用该区域。

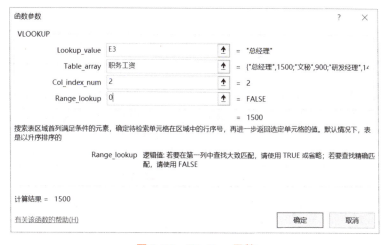

图 9-14　Vlookup 函数

6. 计算补贴

补贴的计算规则：男同志补贴为 1 000 元，女同志补贴为 1 100 元。使用 if 条件判断函数可以计算出结果。

（1）单击 O3 单元格，输入：=IF（），然后单击编辑栏左边的 fx 按钮，弹出函数参数对话框。按图 9-15 进行设置。

图 9-15　IF 函数

（2）第一个参数为需要进行判断的条件表达式，最后结果只有 true 和 false 两种。第二个从参数为满足条件时返回的值，第三个参数为条件不满足时返回的值。

（3）公式中的运算符。运算符是用来对公式中的元素进行运算而规定的特殊符号。Excel 包含 4 种类型的运算符：算术运算符、比较运算符、文本运算符和引用运算符。

1）算术运算符：见表 9-2，有 6 个，其作用是完成基本的数学运算，返回值为数值。例如，在单元格中输入"=4+3^2"后按 Enter 键，结果为 13。

表 9-2　算术运算符

算术运算符	含义	算术运算符	含义
+	加	/	除
−	减	%	百分比
*	乘	^	乘方

2）比较运算符：见表 9-3，有 6 个，用于实现两个值的比较，结果是逻辑值"TRUE（真）"或"FALSE（假）"。例如，在单元格中输入"=3>2"，结果为 TRUE。

表 9-3　比较运算符

比较运算符	含义	比较运算符	含义
>	大于	>=	大于等于
<	小于	<=	小于等于
=	等于	<>	不等于

3）文本运算符"&"（与）：可将两个或多个文本值串起来产生一个连续的文本值。

4）引用运算符：见表 9-4，有 3 个，它们的作用是对单元格区域进行合并计算。

表 9-4　引用运算符

引用运算符	含义	实例
:（冒号）	区域运算符，用于引用单元格区域	A1：B5
,（逗号）	联合运算符，用于引用多个单元格区域	A1：B5, D6：F6
空格	交叉运算符，用于引用两个单元格区域的交叉部分	B7：D7, C6：C8

公式中的运算符优先级为：引用运算符（冒号、空格、逗号）、算术运算符（%、^、*、/、+、−）、文本连接符（&）、比较运算符（=、<、>、<=、>=、<>）。

运算符必须在英文半角状态下输入，公式的运算对象尽量引用单元格地址，以便于复制引用公式。

7. 计算总工资

单击 P3 单元格，然后单击"开始"选项卡"编辑"组的求和按钮下的"求和"（图 9-16），随后出现公式，再将括号中的参数改为 M3：O3，然后按 Enter 键即可（图 9-17）。

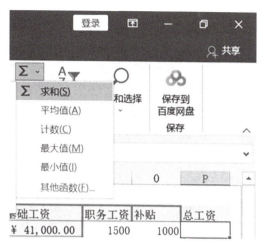

图 9-16　求和函数

L	M	N	O	P	Q
工龄工资	基础工资	职务工资	补贴	总工资	
¥　1,000.00	¥　41,000.00	1500	1000	=SUM(M3:O3)	
¥　450.00	¥　3,950.00	900	1100		
¥　850.00	¥　12,850.00	1400	1000	SUM(**number1**, [number2	

图 9-17　修改求和函数参数

8. 计算最高工资、最低工资、平均工资，员工个数

（1）单击 P22 单元格，然后单击"开始"选项卡"编辑"组的求和按钮 Σ · 下的"最大值"，随后出现公式，再将括号中的参数改为 P3 ： P20，然后按 Enter 键即可。

（2）单击 P23 单元格，再单击"开始"选项卡"编辑"组的求和按钮下的"最小值"，随后出现公式，将括号中的参数改为 P3 ： P20，然后按 Enter 键即可。

（3）单击 P24 单元格，然后单击"开始"选项卡"编辑"组的求和按钮下的"平均值"，随后出现公式，再将括号中的参数改为 P3 ： P20，然后按 Enter 键即可。

（4）单击 P25 单元格，然后单击"开始"选项卡"编辑"组的求和按钮下的"计数"，随后出现公式，再将括号中的参数改为 P3 ： P20，然后按 Enter 键即可。注意这里的计数函数 count 只能统计数值型数据的个数，不能统计文本型单元格的个数。

结果如图 9-18 所示。

N	O	P
800	1000	¥　8,250.00
800	1000	¥　8,400.00
800	1000	¥　8,550.00
1100	1000	¥　13,100.00
1000	1100	¥　18,050.00
800	1100	¥　6,450.00
800	1000	¥　8,050.00
800	1000	¥　7,300.00
800	1100	¥　5,300.00
1200	1000	¥　15,050.00
800	1000	¥　7,100.00
1300	1000	¥　12,500.00
800	1000	¥　7,850.00
1200	1000	¥　21,200.00
800	1100	¥　6,000.00

最高工资	¥　43,500.00
最低工资	¥　5,300.00
平均工资	¥　12,102.78
员工个数	18

图 9-18　几个常用函数

新一代信息技术

能力拓展

　　小李是东方公司的会计，利用自己所学的办公软件进行记账管理，为节省时间，同时又确保记账的准确性，她使用 Excel 编制了"2014 年 3 月员工工资表 .xlsx"。

　　请你根据下列要求帮助小李对该工资表进行整理和分析（提示：本题中若出现排序问题则采用升序方式）。

　　（1）通过合并单元格，将表名"东方公司 2014 年 3 月员工工资表"放于整个表的上端、居中，并调整字体、字号。

　　（2）在"序号"列中分别填入 1 到 15，将其数据格式设置为数值、保留 0 位小数、居中。

　　（3）将"基础工资"（含）往右各列设置为会计专用格式、保留 2 位小数、无货币符号。

　　（4）调整表格各列宽度、对齐方式，使得显示更加美观。并设置纸张大小为 A4、横向，整个工作表需调整在 1 个打印页内。

　　（5）参考考生文件夹下的"工资薪金所得税率 .xlsx"，利用 IF 函数计算"应交个人所得税"列。（提示：应交个人所得税 = 应纳税所得额 * 对应税率 - 对应速算扣除数）。

　　（6）利用公式计算"实发工资"列，公式为：实发工资 = 应付工资合计 - 扣除社保 - 应交个人所得税。

　　结果如图 9-19 所示。

序号	员工工号	姓名	部门	基础工资	奖金	补贴	扣除病事假	应付工资合计	扣除社保	应纳税所得额	应交个人所得税	实发工资
							东方公司2014年3月员工工资表					
1	DF001	包宏伟	管理	40,600.00	500.00	260.00	230.00	41,130.00	460.00	37,170.00	7,504.50	33,165.50
2	DF002	陈万地	管理	3,500.00		260.00	352.00	3,408.00	309.00			3,099.00
3	DF003	张惠	行政	12,450.00	500.00	260.00		13,210.00	289.00	9,421.00	1,350.25	11,570.75
4	DF004	闫朝霞	人事	6,050.00		260.00	130.00	6,180.00	360.00	2,320.00	127.00	5,693.00
5	DF005	吉祥	研发	6,150.00		260.00		6,410.00	289.00	2,621.00	157.10	5,963.90
6	DF006	李燕	管理	6,350.00	500.00	260.00		7,110.00	289.00	3,321.00	227.10	6,593.90
7	DF007	李娜娜	管理	10,550.00		260.00		10,810.00	206.00	7,104.00	865.80	9,738.20
8	DF008	刘康锋	管理	15,550.00	500.00	260.00	155.00	16,155.00	289.00	12,347.00	2,081.75	13,765.25
9	DF009	刘鹏举	销售	4,100.00		260.00		4,360.00	289.00	571.00	17.13	4,053.87
10	DF010	倪冬声	研发	5,800.00		260.00	25.00	6,035.00	289.00	2,246.00	119.60	5,626.40
11	DF011	齐飞扬	销售	5,050.00		260.00		5,310.00	289.00	1,521.00	47.10	4,973.90
12	DF012	苏解放	研发	3,000.00		260.00		3,260.00	289.00	-		2,971.00
13	DF013	孙玉敏	管理	12,450.00	500.00	260.00		13,210.00	289.00	9,421.00	1,350.25	11,570.75
14	DF014	王清华	行政	4,850.00		260.00		5,110.00	289.00	1,321.00	39.63	4,781.37
15	DF015	谢如康	管理	9,800.00		260.00		10,060.00	309.00	6,251.00	695.20	9,055.80

图 9-19　工资表效果图

9.3　制作员工档案分析表

9.3.1　提出任务

小容在南方公司担任行政助理，年底小容完成公司员工档案信息
的分析和汇总，效果如图 9-20 ～ 图 9-22 所示。

微课：制作员工档案
分析表

南方公司员工档案表								
员工编号	姓名	性别	部门	职务	身份证号	学历	入职时间	基本工资
DF007	曾晓军	男	管理	部门经理	410205196412278211	硕士	2001年3月	10000
DF015	李北大	男	管理	人事行政经理	420316197409283216	硕士	2006年12月	9500
DF008	齐小小	女	管理	销售经理	110102197305120123	硕士	2001年10月	15000
DF003	侯大文	男	管理	研发经理	310108197712121139	硕士	2003年7月	12000
DF001	莫一丁	男	管理	总经理	110108196301020119	博士	2001年2月	40000
DF002	郭晶晶	女	行政	文秘	110105198903040128	大专	2012年3月	3500
DF009	孙小红	女	行政	员工	551018198607311126	本科	2010年5月	4000
DF014	张乖乖	男	行政	员工	610308198111020379	本科	2009年5月	4700
DF019	齐飞扬	男	行政	员工	210108197912031129	本科	2007年1月	4500
DF022	张桂花	女	行政	员工	110107198010120109	高中	2010年3月	2500
DF005	王清华	男	人事	员工	110101197209021144	本科	2001年6月	5600
DF006	张国庆	男	人事	员工	110108197812120129	本科	2005年9月	6000
DF027	孙玉敏	女	人事	员工	410205197908078231	本科	2011年1月	3800
DF028	王清华	女	人事	员工	110104198204140127	本科	2011年1月	4500
DF012	杜兰儿	女	销售	员工	110106198504040127	大专	2013年1月	3000
DF018	杜学江	男	销售	员工	110103198111090028	中专	2008年12月	3500
DF024	张国庆	男	销售	员工	110108197507220123	本科	2010年3月	5200
DF013	苏三强	男	研发	项目经理	370108197202213159	硕士	2003年8月	12000
DF017	曾令煊	男	研发	项目经理	110105196410020109	博士	2001年6月	18000
DF004	宋子文	男	研发	员工	372208197510090512	本科	2003年7月	5600
DF010	陈家洛	男	研发	员工	372208197310070512	本科	2006年5月	5500
DF011	李小飞	男	研发	员工	410205197908278231	本科	2011年4月	5000

图 9-20　排序

南方公司员工档案表								
员工编号	姓名	性别	部门	职务	身份证号	学历	入职时间	基本工资
DF008	齐小小	女	管理	销售经理	110102197305120123	硕士	2001年10月	15000
DF030	符合	女	研发	员工	610008197610020379	本科	2011年1月	6500
DF031	吉祥	女	研发	员工	420016198409183216	本科	2011年1月	8000
DF032	李娜娜	女	研发	员工	551018197510120013	本科	2011年1月	7500

图 9-21　筛选

图 9-22　分类汇总

任务要求：熟练掌握数据统计基本技能，包括筛选、排序、分类汇总的使用。

9.3.2 完成任务

1. 使用排序功能对员工档案按"部门"分组显示表格中的数据

（1）单击"员工档案"工作表，将光标定位于需排序数据中的任意一个单元格内。

（2）单击"数据"菜单栏的"排序和筛选"组中的"排序"按钮，打开"排序"对话框（图9-23），在"主要关键字"下拉列表中选择"部门"，并在"次序"下拉列表中选择"升序"。

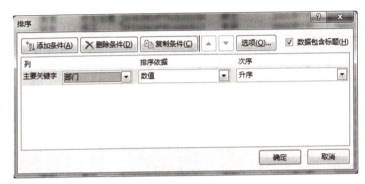

图9-23 "排序"对话框

（3）单击"确定"按钮，结果如图9-24所示。

南方公司员工档案表								
员工编号	姓名	性别	部门	职务	身份证号	学历	入职时间	基本工资
DF007	曾晓军	男	管理	部门经理	410205196412278211	硕士	2001年3月	10000
DF015	李北大	男	管理	人事行政经理	420316197409283216	硕士	2006年12月	9500
DF008	齐小小	女	管理	销售经理	110102197305120123	硕士	2001年10月	15000
DF003	侯大文	男	管理	研发经理	310108197712121139	硕士	2003年7月	12000
DF001	莫一丁	男	管理	总经理	110108196301020119	博士	2001年2月	40000
DF002	郭晶晶	女	行政	文秘	110105198903040128	大专	2012年8月	3500
DF009	孙小红	女	行政	员工	551018198607311126	本科	2010年5月	4000
DF014	张秉素	男	行政	员工	610308198111020379	本科	2009年6月	4700
DF019	齐飞扬	男	行政	员工	210108197912031129	本科	2007年1月	4500
DF022	张桂花	女	行政	员工	110107198010120109	高中	2010年3月	2500
DF005	王清华	男	人事	员工	110101197209021144	本科	2001年6月	5600
DF006	张国庆	男	人事	员工	110109197812120129	本科	2005年9月	5600
DF027	孙玉敏	女	人事	员工	410205197908078231	本科	2011年1月	3800
DF028	王清华	女	人事	员工	110104198204140127	本科	2011年1月	4500
DF012	杜兰儿	女	销售	员工	110106198504040127	大专	2013年1月	3000
DF018	杜学江	男	销售	员工	110103198111090028	中专	2008年12月	3500
DF024	张国庆	男	销售	员工	110108197507220123	本科	2010年8月	5200
DF013	苏三强	男	研发	项目经理	370108197202213159	硕士	2003年8月	12000
DF017	曾令煊	男	研发	项目经理	110105196410020109	博士	2001年6月	18000
DF004	宋子文	男	研发	员工	372208197510090512	本科	2003年7月	5600
DF010	陈家洛	男	研发	员工	372208197310070512	本科	2006年5月	5500
DF011	李小飞	男	研发	员工	410205197908278231	本科	2011年4月	5000

图9-24 排序后效果图

2. 使用筛选数据功能显示符合要求的数据

（1）使用自动筛选功能将工作表中"女"员工且"基本工资"大于或等于5 000的数据筛选出来。

1）单击"数据"菜单栏的"排序和筛选"组中的"筛选"按钮，这时会在数据普通表格中的每个标题处出现倒三角按钮。

2）单击"性别"的倒三角按钮，在打开的下拉列表中取消"全选"复选框，只勾选"女"，如图9-25所示，即可将"女"员工的数据显示出来（图9-26）。

图 9-25　选择"女"员工

南方公司员工档案表								
员工编号	姓名	性别	部门	职务	身份证号	学历	入职时间	基本工
DF008	齐小小	女	管理	销售经理	110102197305120123	硕士	2001年10月	15000
DF002	郭晶晶	女	行政	文秘	110105198903040128	大专	2012年3月	3500
DF009	孙小红	女	行政	员工	551018198607311126	本科	2010年5月	4000
DF022	张桂花	女	行政	员工	110107198010120109	高中	2010年3月	2500
DF027	孙玉敏	女	人事	员工	410205197908078231	本科	2011年1月	3800
DF028	王清华	女	人事	员工	110104198204140127	本科	2011年1月	4500
DF012	杜兰儿	女	销售	员工	110106198504040127	大专	2013年1月	3000
DF018	杜学江	女	销售	员工	110103198111090028	中专	2008年12月	3500
DF030	符合	女	研发	员工	610008197610020379	本科	2011年1月	6500
DF031	吉祥	女	研发	员工	420016198409183216	本科	2011年1月	8000
DF032	李娜娜	女	研发	员工	551018197510120013	本科	2011年1月	7500
DF034	闫朝霞	女	研发	员工	120108197606031029	本科	2011年1月	4500

图 9-26　显示"女"员工数据

3）单击"基本工资"右侧的倒三角按钮，在打开的下拉列表中选择"数字筛选"命令，并在子菜单中选择"大于或等于"命令，打开"自定义自动筛选方式"对话框。在对话框中设置"大于或等于5000"的条件，如图 9-27 所示。

图 9-27　设置"大于或等于 5 000"条件

4）单击"确定"按钮，结果如图 9-28 所示。

南方公司员工档案表							
员工编▼	姓名 ▼	性别 ▼	部门 ▼	职务 ▼	身份证号	学历 ▼	入职时间 ▼	基本工▼
DF008	齐小小	女	管理	销售经理	110102197305120123	硕士	2001年10月	15000
DF030	符合	女	研发	员工	610008197610020379	本科	2011年1月	6500
DF031	吉祥	女	研发	员工	420161984091832116	本科	2011年1月	8000
DF032	李娜娜	女	研发	员工	551018197510120013	本科	2011年1月	7500

图 9-28 筛选数据效果

（2）使用高级筛选功能将工作表中"女"员工且"基本工资"大于或等于 5 000，"职务"只是"员工"的数据筛选出来。

提示：条件区域和数据区域中间必须要有一行以上的空行隔开。在表格与数据区域空两行的位置处输入高级筛选的条件，如图 9-29 所示。

南方公司员工档案表							
员工编▼	姓名 ▼	性别	部门 ▼	职务	身份证号	学历	入职时间▼	基本工▼
DF008	齐小小	女	管理	销售经理	110102197305120123	硕士	2001年10月	15000
DF030	符合	女	研发	员工	610008197610020379	本科	2011年1月	6500
DF031	吉祥	女	研发	员工	420161984091832116	本科	2011年1月	8000
DF032	李娜娜	女	研发	员工	551018197510120013	本科	2011年1月	7500
		性别		职务	基本工资			
		女		员工	>=5000			

图 9-29 条件区域与数据区域空两行

1）把光标定位在要进行筛选的数据区域内，单击"数据"菜单工具栏中"筛选"的"高级"按钮。经过这样定位后，程序会自动找到你要筛选的区域，否则需要你自己设置数据筛选区域。

2）此时会弹出"高级筛选"对话框。在此对话框中的"列表区域"就自动判断出了要进行高级筛选的区域，如果有错，可以重新获取。选择"条件区域"，如图 9-30 所示。

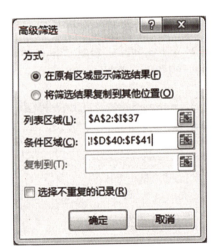

图 9-30 条件区域

3）单击“确定”按钮，结果如图 9-31 所示。

方公司员工档案表
工编号 姓名 性别 部门 职务 身份证号 学历 入职时间 基本工资
030 符合 女 研发 员工 610008197610020379 本科 2011年1月 6500
031 吉祥 女 研发 员工 420016198409183216 本科 2011年1月 8000
032 李娜娜 女 研发 员工 551018197510120013 本科 2011年1月 7500
性别 职务 基本工资
女 员工 >=5000

图 9-31　高级筛选

3. 使用分类汇总功能统计每个职务的平均基本工资

（1）单击“数据”菜单栏，选择“分类汇总”，对“职务”列进行排序（升序、降序都可）。

（2）使用分类汇总功能分组统计每个职务的平均“基本工资”。

1）将光标定位于需分类汇总数据中的任意一个单元格内，单击“数据”选项卡的“分级显示”组中的“分类汇总”按钮，打开“分类汇总”对话框，设置“分类字段”为“职务”，“汇总方式”为“平均值”，“选定汇总项”为“基本工资”，如图 9-32 所示。

分类汇总
分类字段(A):
职务
汇总方式(U):
平均值
选定汇总项(D):
部门
职务
身份证号
学历
入职时间
基本工资
替换当前分类汇总(C)
每组数据分页(P)
汇总结果显示在数据下方(S)
全部删除(R)
确定
取消

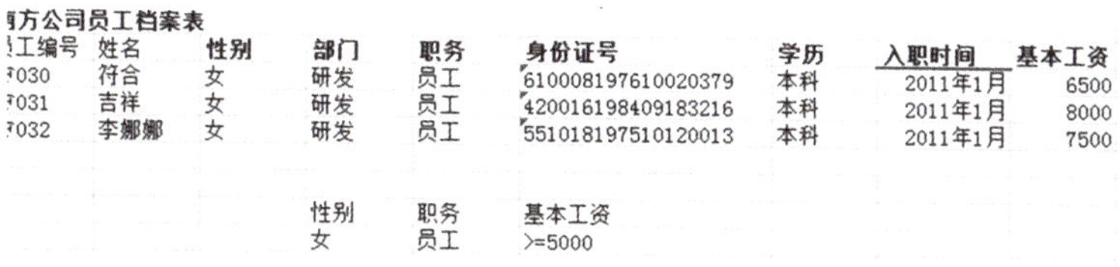

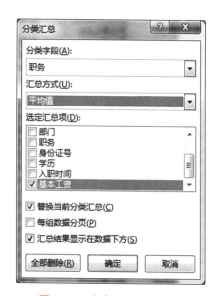

图 9-32　分类汇总”对话框

2）单击“确定”按钮，结果如图 9-33 所示。

南方公司员工档案表
员工编号 姓名 性别 部门 职务 身份证号 学历 入职时间 基本工资
部门经理 平均值 10000
人事行政经理 平均值 9500
文秘 平均值 3500
项目经理 平均值 15000
销售经理 平均值 15000
研发经理 平均值 12000
员工 平均值 5403.704
总经理 平均值 40000
总计平均值 7597.143

图 9-33　3 级明细数据全部隐藏

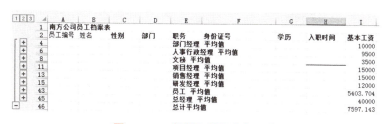

3）此时，只需单击数据左上角的 [1][2][3] 图标，即可将相应级别的数据全部显示出来或隐藏起来。例如，单击 [2] 图标即可将 3 级明细数据全部隐藏，再次单击 [3] 图标即可将 3 级明细数据全部显示出来。

提示：此时单击数据左边的 [+] 或 [−] 图标可以显示或隐藏其右边相对应的数据。如需清除分类汇总，只需重新打开"分类汇总"对话框，然后在对话框中单击"全部删除"按钮即可。

能力拓展

参考员工档案分析表，完成"员工工资表"中实发工资排序，筛选出工资大于 10 000 的所有员工，并求出各部门员工实发平均工资（图 9-34～图 9-36）。

图 9-34 排序

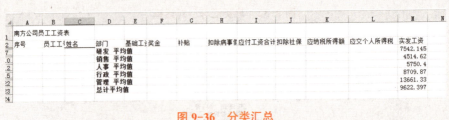

图 9-35 筛选

图 9-36 分类汇总

9.4　图表分析员工档案表

9.4.1　提出任务

微课：图表分析员工
档案表

小容在南方公司担任行政助理，年底小容完成公司员工档案信息的分析和汇总，使用图表查看、分析数据，效果如图 9-37 ～ 图 9-39 所示。

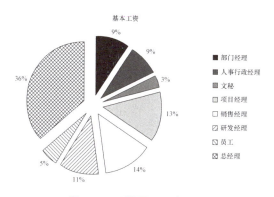

图 9-37　"饼图"图表

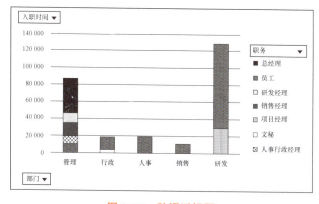

图 9-38　数据透视表

图 9-39　数据透视图

191

任务要求：熟练掌握使用图表查看数据，使用数据透视表（图）分析数据。

9.4.2 完成任务

（1）利用图表在"分类汇总"基础上，查看不同职务的平均基本工资占比情况。

1）在"分类汇总"中，创建"柱形图"图表查看不同职务的平均基本工资情况。

①"插入"菜单中"图表"选项"柱形图"的"二维柱形图"，如图9-40所示。

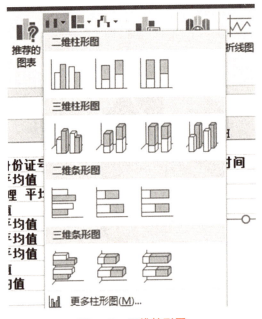

图 9-40　二维柱形图

②单击"设计"菜单"数据"组中的"选择数据"命令，弹出"选择数据源"对话框，如图9-41所示。

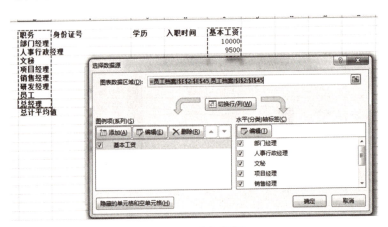

图 9-41　选择数据

③ 单击"确定"按钮，如图 9-42 所示。

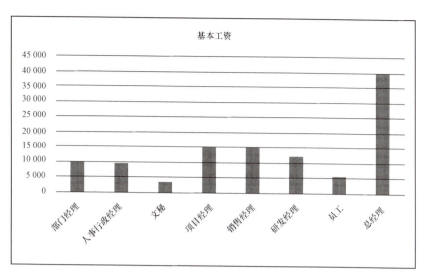

图 9-42　插入图表

④ 选择"设计"→"添加图表元素"→"图例"→放置"右侧"；修改纵坐标值，选择"格式"→"垂直（值）轴"，单击"设置所选内容格式"，将"主要单位"设置为 10 000；单击"确定"按钮，如图 9-43 所示。

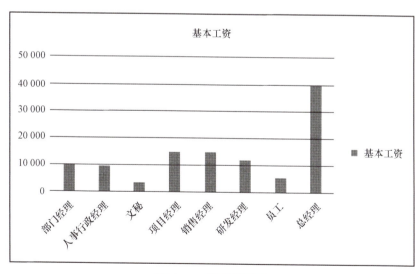

图 9-43　柱形效果图

2）快速修改图表，更改为"饼图"，查看不同职务的平均基本工资情况。

① 选择图表，单击"图表工具"中的"设计"选项卡的"类型"组中的"更改图表类型"，打开"更改图表类型"对话框，选择"饼图"，如图 9-44 所示。

② 单击"确定"按钮，如图 9-45 所示。

图 9-44　选择"饼图"图表类型　　　　　　　　图 9-45　饼图

③ 选择图表，在"设计"中选择"数据标签"命令，在弹出的"设置数据标签格式"对话框中勾选"百分比"，如图 9-46 所示。

④ 选择图表，选择"格式"→"系列基本工资"，修改"饼图分离程度"为 17%，如图 9-47 所示。

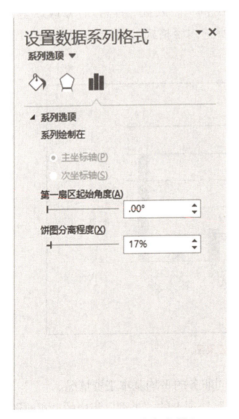

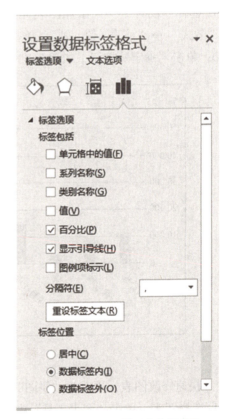

图 9-46　设置"数据标签"　　　　　　图 9-47　设置"饼图分离程度"

⑤ 单击"确定"按钮，修改后如图 9-48 所示。

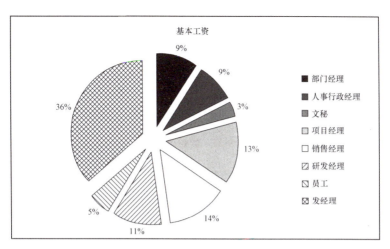

图 9-48　修改后"饼图"

（2）利用数据透视表（图）查看不同角度信息。

1）插入"数据透视表"，选择数据区域，如图 9-49 所示。

2）将"入职时间"设置为"筛选器"，行字段为"部门"，列字段为"职务"，数据项为"基本工资"，如图 9-50、图 9-51 所示。

图 9-49　选择数据区域

图 9-50　选择字段

195

图 9-51　数据透视表

3）使用"筛选"相同的方法修改"倒三角"选项，数据透视表随之更改。

4）单击数据透视表内的任意位置，功能区即可显示"数据透视表设计"选项卡，单击"数据透视图"按钮，即可打开"插入图表"对话框，在对话框中选择所需图表的类型与子类型，即可为"数据透视表"生成相应的"数据透视图"，如图9-52所示。

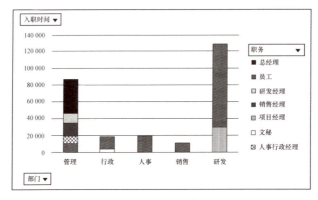

图 9-52　数据透视图

能力拓展

参考图表分析员工档案表，使用"带数据标记的折线图"查看各部门员工实发工资的平均值，如图9-53所示。

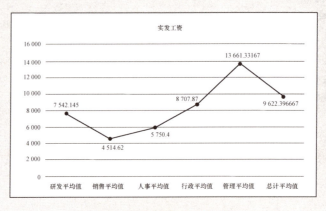

图 9-53　带数据标记的折线图

常用 Excel 函数公式

1. 求和

SUM 函数是一个求和函数，以将单个值、单元格引用或是区域相加，或者将三者的组合相加。

语法：SUM（number1，[number2]，...）

number1（必需参数）要相加的第一个数字。可以是具体数字，也可以是单元格引用或者单元格区域。

number2，这是要相加的第二个数字。

2. 单条件求和

SUMIF 函数是对选中范围内符合指定条件的值求和。

SUMIF 函数语法是：=SUMIF（Range，Criteria，Sum_range）

SUMIF 函数的参数如下。

第一个参数：Range 为条件区域，用于条件判断的单元格区域。

第二个参数：Criteria 是求和条件，由数字、逻辑表达式等组成的判定条件。

第三个参数：Sum_range 为实际求和区域，需要求和的单元格、区域或引用。

3. 多条件求和

SUMIFS 函数，快速对多条件单元格求和。

SUMIFS 函数语法是：SUMIFS（sum_range，criteria_range1，criteria1，[criteria_range2，criteria2]，...）

SUMIFS 函数的参数如下。

第一个参数：sum_range 是需要求和的实际单元格。

第二个参数：criteria_range1 为计算关联条件的第一个区域。

第三个参数：criteria1 为条件 1，条件的形式为数字、表达式、单元格引用或者文本。

第四个参数：criteria_range2 为计算关联条件的第二个区域。

第五个参数：criteria2 为条件 2。

4. 求平均值

AVERAGE 函数是计算平均值的函数。

语法：AVERAGE（number，[number2]，…）

5. 单条件求平均值

AVERAGEIF 函数是计算某个区域内满足给定条件的所有单元格的平均值。

语法：AVERAGEIF（range，criteria，[average_range]）

使用方法可参考 SUMIF 函数。

6. 多条件求平均

AVERAGEIFS 函数是求多重条件所有单元格的平均值。使用方法可参考 SUMIFS 函数。

语法：=AVERAGEIFS（average_range，criteria_range1，criteria1，criteria_range2，criteria2，...）

7. 求最大值

MAX 函数是求最大值函数。

8. 求最小值

MIN 函数是求最小值函数。

9. 直接砍掉小数点

TRUNC 函数是将数字的小数部分直接截去，返回整数，不讲究四舍五入。

语法：=TRUNC（number，[num_digits]）

TRUNC 函数语法具有下列参数。

第一，number 必需参数。需要截尾取整的数字。

第二，[num_digits] 可选参数。一般都不需要第二个参数。

案例：

=TRUNK（9.99），返回值 9

=TRUNK（4.12），返回值 4

=TRUNK（0.32），返回值 0

=TRUNK（−8.43），返回值 −8

10. 去小数向下取整

INT 根据数字小数部分的值将该数字向下舍入为最接近的整数。

语法：=INT（number）

案例：

=INT（9.99），返回值 9

=INT（4.12），返回值 4

=INT（0.32），返回值 0

=INT（−8.43），返回值 −9。为什么不是 −8？因为 −9 比 −8 小，INT 函数是将该数字向下舍入为最接近该数值的整数。这也是 INT 和 TRUNC 函数最大的区别，只有在用于负数时才有所不同。

11. 四舍五入小数点

ROUND 函数将数字四舍五入到指定的位数。

语法：=ROUND（number，num_digits）

number 必需参数。要四舍五入的数字。

num_digits 必需参数。要进行四舍五入运算的位数。

案例：Excel 中小数点后为 0 时，默认省略不显示。

12. 求余函数

mod 函数是一个求余函数，是用于返回两数相除的余数，返回结果的符号与除数的符号相同。

语法：=MOD（被除数，除数）

13. 奇偶数判断

ISODD 函数是一个奇数判断函数，如果数字为奇数则返回 TRUE。

ISEVEN 函数是一个偶数判断函数，如果数字为偶数则返回 TRUE。

14. 统计数字

COUNT 函数给定数据集合或者单元格区域中数据的个数进行计数，COUNT 函数只能对数字数据进行统计，对于空单元格、逻辑值或者文本数据将不统计。

15. 条件判断

IF 函数是条件判断函数：如果指定条件的计算结果为 TRUE，IF 函数将返回某个值；如果该条件的计算结果为 FALSE，则返回另一个值。

语法：IF（logical_test，value_if_true，value_if_false）

logical_test：测试条件

value_if_true：满足条件返回的结果

value_if_false：不满足条件返回的结果

16. 提取年

YEAR 函数是从日期中提取年。

17. 提取月

MONTH 函数是从日期中提取月。

18. 提取日

DAY 函数是从日期中提取日。

19. 当前日期

TODAY 函数是返回当前日期的函数，固定公式：=TODAY（），是一个跟随时间变化而变化的函数。

20. 当前时间

NOW 函数是返回当前时间的函数，固定公式：=NOW（），每分钟都会变化，按键盘上的 F9 键可以刷新，一般都是配合其他函数一起使用。

21. 生成日期

DATE 函数是指输入指定的参数生成日期

语法：=DATE（year，month，day）

22. 计算日期差

DATEDIF 函数是计算两日期之差，返回两个日期之间的年\月\日间隔数。

语法：=DATEDIF（start_date，end_date，unit）

start_date 起始日期

end_date 结束日期

unit 为所需信息的返回类型："Y"时间段中的整年数；"M"时间段中的整月数；"D"时间段中的天数；"MD"起始日期与结束日期的同月间隔天数；"YD"起始日期与结束日期的同年间隔天数；"YM"起始日期与结束日期的同年间隔月数。

23. 从左提取内容

LEFT 函数用于从一个文本字符串的第一个字符开始返回指定个数的字符。

语法：=LEFT（text，[num_chars]）

text：文本字符串

[num_chars]：从左边第一个字符开始提取的个数。

24. 从右提取内容

RIGHT 函数和 LEFT 函数用法一样，指的是从右边第一个字符开始提取字符。

25. 从中间提取内容

MID 函数是从一个字符串中截取出指定数量的字符。

语法：MID（text，start_num，num_chars）

text：文本字符串。

start_num：从字符串的第几个开始。

num_chars：提取的字符长度。

资料来源：https://www.zhihu.com/tardis/bd/art/436372294?source_id=1001

◆ 本章小结

本章以实例的形式，介绍了应用 Excel 2016 制作员工档案表，利用公式与函数计算员工出生日期、工龄、工资等数据，利用排序、分类汇总功能制作员工档案分析表，利用图表分析员工档案表等基本操作。通过本章的学习，能够掌握 Excel 2016 的基本操作方法，在工作和生活中灵活运用 Excel 进行电子表格的制作与数据处理。

◆ 思考与练习

1. 自拟一份本班同学的各科期末成绩单（至少包括三科），然后进行统计分析。

（1）计算各科的平均分、每个学生的总分，按成绩由高到低的顺序统计每个学生的总分排名、并以 1、2、3、⋯形式标识名次，最后将所有成绩的数字格式设为数值、保留两位小数。

（2）在工作表中分别用红色和加粗格式标出各科第一名成绩。

（3）统计各科不及格的同学。

（4）统计各科优秀、良好、及格、不及格人数的比例。

2. 某图书销售公司主要经营 6 类图书，2022 年下半年各类图书的销售情况见表 9-5。

表 9-5　××图书公司下半年产品销售数据表

月份	销量 / 册					
	教育类	少儿类	文学类	考试类	经济类	计算机类
7 月	8 205	8 001	7 350	7 000	9 500	8 100
8 月	5 150	5 500	7 500	9 500	9 000	9 150
9 月	4 500	3 500	4 509	7 000	5 500	8 500
10 月	4 250	4 000	5 000	8 507	8 000	8 080
11 月	6 000	4 600	5 005	9 080	5 500	9 007
12 月	5 030	5 500	7 500	9 305	5 000	8 500

请根据销售数据在 Excel 中制作一份产品销售表格，然后根据这份销售表格制作出销售柱状图和各产品销售额比例图。

第 10 章
PowerPoint 2016 演示文稿制作

学习目标

知识目标：

掌握演示文稿的创建、打开、保存、退出等基本操作；幻灯片的创建、复制、删除、移动等基本操作；在幻灯片中插入各类对象的方法，如文本框、图形、图片、表格、音频、视频等对象；幻灯片母版的编辑及应用方法；幻灯片切换动画的设置方法；幻灯片的放映；幻灯片不同格式的导出方法。

能力目标：

能在工作和生活中应用 PowerPoint 进行演示文稿的制作。

素养目标：

能够灵活运用所学知识，创新性解决实际问题的能力。

案例导入

PowerPoint 简介

Microsoft Office PowerPoint（简称"PPT"），是微软公司的演示文稿软件。

用户可以在投影仪或者计算机上进行演示，也可以将演示文稿打印出来，制作成胶片，以便应用到更广泛的领域中。

利用 Microsoft Office PowerPoint 不仅可以创建演示文稿，还可以在互联网上召开面对面会议、远程会议或在网上给观众展示演示文稿。用 Microsoft Office PowerPoint 制作出来的东西叫演示文稿，其格式后缀名为：.ppt、.pptx；或者也可以保存为：.pdf、图片格式等。2010 及以上版本可保存为视频格式。演示文稿中的每一页就叫幻灯片。

PowerPoint 应用范围十分广泛，正成为人们工作生活的重要组成部分，在工作汇报、企业宣传、产品推介、婚礼庆典、项目竞标、管理咨询、教育培训等领域占有举足轻重的地位。

本章以实例的形式介绍 PowerPoint 2016 演示文稿的制作。

10.1　制作中国古代诗词大赛

微课：制作中国
古代诗词大赛

10.1.1　提出任务

社团将举行诗歌比赛，需要制作安排表。效果如图 10-1 所示。

图 10-1　诗歌比赛安排

任务要求：熟练掌握演示文稿的新建、打开、保存、关闭。在演示文稿的制作中，应用版式，插入图片、艺术字、背景设置、母版等知识点，制作出精美的幻灯片。

10.1.2　完成任务

1. 启动 PowerPoint 2016 并保存文件

启动 PowerPoint 2016 后，选择新建"空白演示文稿"，生成演示文稿。单击"文件"选项卡中的"另存为"命令，将文件保存为"欢迎参加诗歌大赛 .pptx"。效果如图 10-2 所示。

图 10-2　保存文件

2. PowerPoint 2016 演示文稿的编辑

（1）新建 5 张幻灯片。

方法一：单击"开始"→"新建幻灯片"→"标题幻灯片"命令，创建一张新的幻灯片，用同样的方法创建 5 张幻灯片。

方法二：直接在第一张幻灯片下按 5 次"Ctrl+M"键，新建 5 张幻灯片。

（2）编辑第一张幻灯片。选择第一张幻灯片的标题文本框，输入标题"中国古代诗词大赛"，设置字体为"宋体"，72 号字，副标题输入"环院第三期诗歌总决赛"，设置为宋体 20 号字，如图 10-3 所示。

图 10-3　编辑第一张幻灯片

（3）编辑第二张幻灯片。单击"插入"→"表格"→"插入表格"命令，打开"插入表格"对话框。在对话框中设置一个"行数"为 7，"列数"为 5 的表格，单击"确定"按钮，如图 10-4 所示。

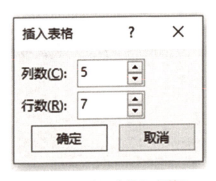

图 10-4　"插入表格"对话框

选中第一列的第 2、3 行，单击"表格工具"→"布局"→"合并单元格"命令，合并为一个单元格，用同样的方法，分别把第一列的 3、4 行和 5、6 行合并为一个单元格。

单击"表格工具"→"设计"→"表格样式"→"中度样式 2- 强调 1"命令，设置表格的样式，如图 10-5 所示。

比赛时间安排表

时间 组别	第一组	第二组	第三组	第四组
唐诗组	上午（9：00—11：00） 通信传业	上午（9：00—11：00） 通信传业	上午（9：00—11：00） 互联网专业	上午（9：00—11：00） 动漫专业
	下午（9：00—11：00） 数字媒体专业	下午（9：00—11：00） 园林专业	下午（9：00—11：00） 服装设计专业	下午（9：00—11：00） 家具设计专业
宋词组	上午（9：00—11：00） 通信传业	上午（9：00—11：00） 通信传业	上午（9：00—11：00） 互联网专业	上午（9：00—11：00） 动漫专业
	下午（9：00—11：00） 数字媒体专业	下午（9：00—11：00） 园林专业	下午（9：00—11：00） 服装设计专业	下午（9：00—11：00） 家具设计专业
元曲组	上午（9：00—11：00） 通信传业	上午（9：00—11：00） 通信传业	上午（9：00—11：00） 互联网专业	上午（9：00—11：00） 动漫专业
	下午（9：00—11：00） 数字媒体专业	下午（9：00—11：00） 园林专业	下午（9：00—11：00） 服装设计专业	下午（9：00—11：00） 家具设计专业

图 10-5　设置表格样式

（4）编辑第三张幻灯片。输入比赛规则，比赛规则设置为黑体，44 号字，加粗。正文比赛规划内容设置为微软雅黑 24 号字，如图 10-6 所示。

比赛规则

◆1. 参赛选手每人可带准备好的古诗目录一份。内容健康、向上、思想性强。（25分）

◆2. 参赛选手自然大方、出入有序有礼、精神饱满、衣着得体。（20分）

◆3. 普通话标准、吐字清晰、节奏韵律明显。（25分）

◆4. 感情充沛、能准确把握作品内涵与格调。（30分）

图 10-6　编辑比赛规则

（5）编辑第四张幻灯片。在标题点位符处输入"比赛环境"。然后单击"插入"→"图片"→"此设备"，找到合适的图片插入幻灯片中，如图 10-7 所示。

比赛环境

图 10-7　编辑比赛环境

（6）编辑第五张幻灯片。单击"插入"→"艺术字"→"填充，白色，边框5，橙色，主题色2"命令，输入"欢迎您的加入"，并设置为88号字，加粗，如图10-8所示。

单击"插入"→"艺术字"→"填充，蓝色，主题5，边框5，橙色"命令，输入"中国古代诗词大赛"，并设置为48号字，加粗，如图10-8所示。

中国古代诗词大赛

欢迎您的加入

图10-8　编辑第五张幻灯片

3. 统一演示文稿的风格

（1）利用系统自带的"设计模板"统一演示文稿的风格。单击"设计"→"肥皂"命令，效果如图10-9所示。

图10-9　系统自带模板风格

（2）设置母版，统一演示文稿的风格。单击"视图"→"幻灯片母版"→"背景样式"→"纯色填充"命令，在弹出的下拉菜单中选择"设置背景格式"，打开"背景格式"对话框，选择"填充"→"图案填充"→"点线20%"→"全部运用"，如图10-10所示。选择"标题幻灯片版式"，将主标题设置为"蓝色"，黑体；副标题设置为"黑色"，宋体，加粗。

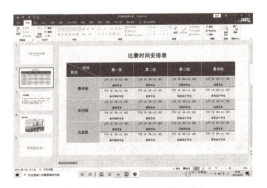

图10-10　设置幻灯片母版

能力拓展

请参考诗歌大赛的制作方法，完成如图 10-11 所示的演示文稿。

图 10-11　儿童牙膏设计

10.2　演示文稿的动画制作

10.2.1　提出任务

微课：演示文稿
的动画制作

小明在某公司担任人事助理，人事部门要对新招收的员工进行岗前培训，小明利用 PowerPoint 2016 制作演示文稿来协助完成这次任务。根据工作需要制作公司新员工上岗培训 PPT，效果如图 10-12 所示。

图 10-12　上岗培训 PPT

任务要求：熟练掌握添加动画效果，掌握幻灯片动画效果的设置，能够使用幻灯片的切换效果设置，使得显示更加美观。

10.2.2　完成任务

1. 添加动画

（1）打开员工上岗培训 PowerPoint 2016 演示文稿，选择第一张"标题幻灯片"中主标题占位符，单击"动画"→"动画"功能区中下拉按钮，弹出"动画效果"列表。

（2）在列表"进入"类型中选择"飞入"效果，单击"效果选项"按钮，在下拉列表中选择"幻灯片中心"，完成第一个动画设置。效果如图10-13所示。

图10-13　动画设置

（3）每设置一步幻灯片会自动将动画效果演示一遍，如想再观看效果，可单击 按钮。如想观看全屏效果，可在"幻灯片放映"选项卡下选择相应播放功能。

（4）单击"高级动画"功能区中的"添加动画"按钮，打开"动画效果"列表，效果如图10-14所示，在"强调"中选择"放大/缩小"。

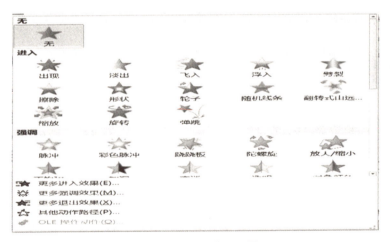

图10-14　动画效果设置

2. 设置动画效果

（1）在动画窗格中共6个动画设置。单击主标题占位符，"动画窗格"中1、2被选中，说明主标题被设置了两个动画效果。单击"动画窗格"中的1，"动画"功能区显示出动画效果是"缩放"，在"计时"功能区中单击"开始"对话框旁边的下拉按钮，下拉菜单中选择"与上一动画同时"，"持续时间"调整为"02.00"。单击"动画窗格"中2，

"开始"设置为"上一动画同时","持续时间"调整为"02.00","延时"为"00.00"。

（2）单击副标题占位符，选中副标题的四个动画设置，"开始"设置为"与上一动画同时"，"持续时间"调整为"02.00"。分别单击这几个动画设置，按前后顺序"延时"分别设置为"04.00""06.00""08.00""10.00"，完成设置后的"动画窗格"如图 10-15 所示（把光标放在"动画窗格"左边线上，当光标变成双箭头时，按住鼠标左键向左拖动，可调整"动画窗格"的宽度）。

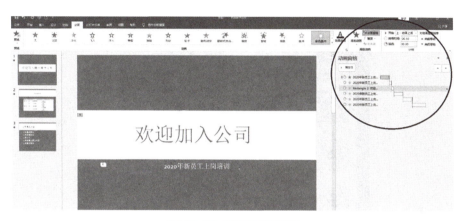

图 10-15　动画窗格设置

3. 设置幻灯片的切换效果

在"切换"选项卡下有很多切换方式，如图 10-16 所示。单击各个按钮，就能看到动画效果。单击"效果选项"，可以设置效果，如图 10-17 所示。"效果选项"中的"声音"，是指切换幻灯片时的声音，"持续时间"是指切换动画持续时间，换片方式可以选择"单击鼠标时"或者"自动换片"，如图 10-18 所示。可以单击"应用到全部"按钮，将设置应用到全部幻灯片；如果希望每张幻灯片都有自己的效果，可以对每张幻灯片进行设置。

图 10-16　幻灯片切换设置

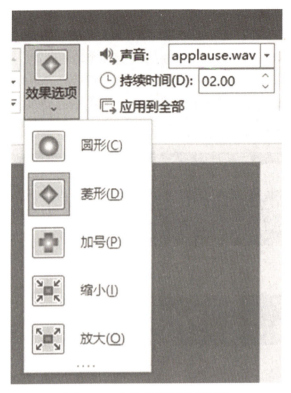

图 10-17　幻灯片效果选项设置

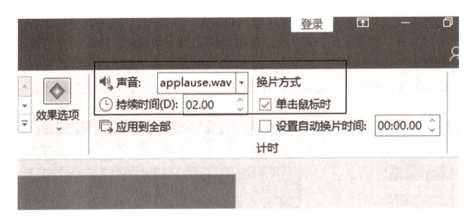

图 10-18　换片方式的设置

能力拓展

　　制作文本类型的演示文稿。运用所学知识，制作完整、美观的演示文稿，应完成以下内容：完成各种字体、字号、段落格式和颜色的设置；每张幻灯片中含有动画效果、幻灯片的切换效果；增添表格、图表和 smartArt。

10.3　演示文稿的放映和输出

10.3.1　提出任务

小明为了使演示文稿尽善尽美，需要对演示文稿进行放映方式等功能进行设置，让此演示文稿更加全面、完善。

任务要求：熟练掌握演示文稿的放映方式，掌握演示文稿的打印，能够创建讲义和打包成 CD，使得演示文稿更加完善。

10.3.2　完成任务

1. 设置演示文稿的放映方式

（1）在"幻灯片放映"选项卡下，单击"设置幻灯片放映"按钮，弹出"设置放映方式"对话框，如图 10-19 所示。

（2）放映类型包括演讲者放映、观众自行浏览、在展台浏览等方式。还可以选择放映全部幻灯片，或者设置从几页到几页放映，如图 10-19 所示。

图 10-19　放映类型

（3）在"放映选项"中可以选择不加旁白，旁白可以在 PPT 中写入，如果选择不放旁白，那么在观看时就不会出现旁白。也可以用激光笔来进行 PPT 上的展示，可以设置激光笔的颜色，主要有红、绿、蓝三种颜色，如图 10-20 所示。

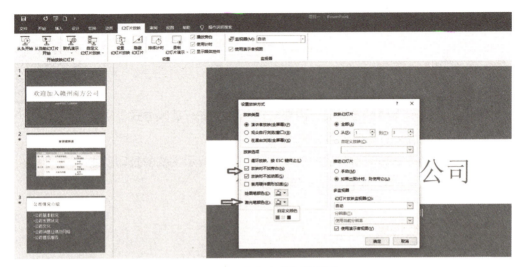

图 10-20　旁白和激光笔设置

（4）在换片方式上，可以选择手动，在放映时，PPT 就不会自动放映幻灯片了，如图 10-21 所示。

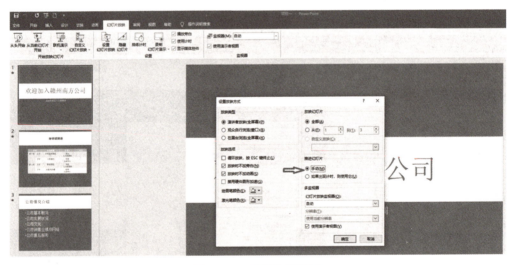

图 10-21　手动换片设置

2. 创建讲义和打包成 CD

（1）幻灯片制作完成后一般用多媒体设备放映出来，但根据需要也可以将其转换为 Word 文档。选择"文件"选项卡中的"导出"，在列表中选择"创建讲义"，单击"创建讲义"按钮，如图 10-22 所示。

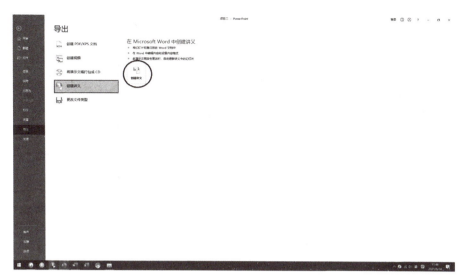

图 10-22　创建讲义

（2）弹出"发送到 Microsoft Word"对话框，如图 10-23 所示。如选择除"只使用大纲"之外的其他选项，下方的"将幻灯片添加到 Microsoft Word 文档"中如选择"粘贴链接"，当演示文稿被修改时相应的讲义中的幻灯片也会自动更新。

图 10-23　"发送到 Microsoft Word"对话框

（3）选择"只使用大纲"，效果如图 10-24 所示。单击"确定"按钮后生成一个 Word

文档，保存该文档。文档中的内容与幻灯片中大纲视图中的内容一致，只显示除图片、表格、图表外的文字内容。

· 欢迎加入赣州南方公司↵
· 2020年新员工上岗培训↵
· **培训课程表**↵
· 公司情况介绍↵
·**公司基本概况**↵
·**公司发展状况**↵
·**公司文化**↵
·**公司销售业绩及网络**↵
·**公司售后服务** ↵

图 10-24 只使用大纲

（4）选择"文件"→"导出"→"将演示文稿打包成 CD"命令，单击"打包成 CD"按钮，打开"打包成 CD"对话框，如图 10-25 所示。单击"复制到文件夹"按钮，打开"复制到文件夹"对话框。在"文件夹名称"文本框中输入文件名称"2020 年新员工上岗培训"，在"位置"文本框中输入路径，单击"确定"按钮，如图 10-26 所示。演示文稿即被打包成 CD 并保存到 C:\User\dell\Documents\。

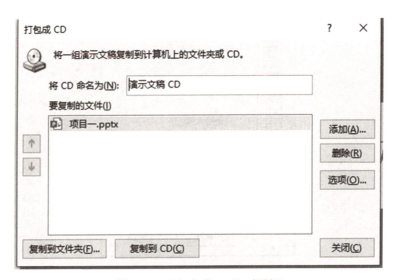

图 10-25 "打包成 CD"对话框

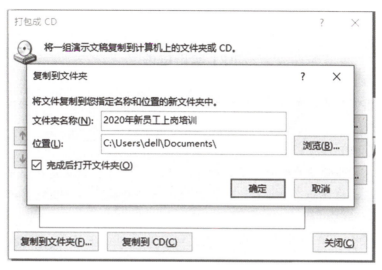

图 10-26　复制到文件夹

3.打印演示文稿

（1）单击"文件"→"打印"命令，进入打印的设置界面，选择打印机的类型。在"设置"里选择打印的范围，是打印整个文档还是当前文档，如图 10-27 所示。

（2）选择打印的颜色之后，在右边预览打印的效果。

（3）设置打印份数，再单击"打印"按钮，进行打印。

图 10-27　打印选项

能力拓展

收集自己家乡的有关资料，并结合自身感受，制作以"我的家乡"为主题的演示文稿。要求：图文并茂，运用之前学过的动画和幻灯片切换，同时要设置演示文稿的放映方式，并且要打印出演示文稿，上讲台进行介绍。

PPT 实用技巧

1. 去除 PPT 的默认版式

新建的 PPT 总是存在着默认的版式，如果不需要这些版式，可以去除。选中幻灯片，单击"开始"→"版式"→"空白"，即可去除默认的版式。

2. 为每页 PPT 添加 Logo

在 PPT 中，经常需要给每一页幻灯片批量添加 Logo，这既是对公司知识产权的保护，也是公司对外的一种宣传。可以通过幻灯片母版，一键给所有的幻灯片添加 Logo。

单击"视图"→"幻灯片母版"，在第一张基础母版上将 Logo 放在合适的位置上，并调整位置和大小；关闭母版视图返回到普通视图后，就可以看到在每一页加上了 Logo，而且在普通视图上也无法改动它了。

3. 幻灯片隐藏

放映幻灯片时，有时可能需要不放映其中几张幻灯片，此时可以使用幻灯片隐藏功能。选中幻灯片，右击，在弹出的菜单中选择"隐藏幻灯片"命令，这样在放映的时候，被隐藏的幻灯片就不会显示出来了。要想让隐藏的幻灯片重新显示出来，只需要选中幻灯片，再选择"隐藏幻灯片"命令就可以了。

4. PPT 图层

PPT 也有图层，可以通过单击"开始"→"选择"→"选择窗格"命令，调出 PPT 的图层。PPT 中的每一个对象元素对应一个图层，通过"选择窗格"，就可以轻松选中一些被其他元素遮住的对象。单击对象后面的"眼睛"图形，可以将对象隐藏。

5. 快速格式刷

在做 PPT 时，有时候需要用格式刷将很多字体字号或底色等刷成同一个格式，每单击一次格式刷只能完成一次格式同步，很麻烦，这时只需要双击格式刷，就可以无限刷，适用于 PPT 的每一页元素。

▶ 本章小结

本章以实例的形式，介绍了幻灯片的制作，添加动画效果的方法，以及演示文稿的放映和输出。通过本章的学习，对 PowerPoint 2016 演示文稿的制作方法有基本认识，在工作和生活中能灵活运用 PowerPoint 进行 PPT 的制作。

◆ 思考与练习

1. 选择一个公司，利用网络搜索其相关信息，利用 PowerPoint 制作一个公司简介 PPT，并打包成 CD 复制到文件夹。

2. 自行收集音乐、图片等素材，制作一个音画同步的音乐幻灯片。要求如下。

（1）一首音乐的播放要贯穿整个演示文稿全过程，并能够通过排练计时的设置实现音画同步。

（2）音乐幻灯片应能实现单击后自动播放。

参考文献

[1] 一抹斜阳尽余辉. 物联网的主要特征是什么，目前主要有哪些应用？ [EB/OL].
[2018-04-25].https://blog.csdn.net/duozhishidai/article/details/80081604.

[2] 百度知道. 物联网的基本特征是什么？[EB/OL].https://zhidao.baidu.com/question/
565834636087384284.html.

[3] 百度百科. 物联网概念 [EB/OL].https://baike.baidu.com/item/%E7%89%A9%E8%81
%94%E7%BD%91%E6%A6%82%E5%BF%B5/2048181?fr=Aladdin.

[4] 薛联凤，章春芳. 信息技术教程 [M]. 南京：东南大学出版社，2017.

[5] 杨兆辉. 计算机信息检索技术 [M]. 北京：电子工业出版社，2015.

[6] 王华，肖祥林，任毅. 信息技术基础与应用（上册）[M]. 北京：电子工业出版社，
2020.

[7] 邓要武，王星华. 科技信息检索（修订本）[M]. 北京：清华大学出版社，北京交通
大学出版社，2006.

[8] 刘俊熙，盛宇. 计算机信息检索 [M].3 版. 北京：电子工业出版社，2012.

[9] 杨树元，杨立军. 信息技术基础 [M]. 北京：中国铁道出版社，2016.